SCHATTENGEWÄCHS

HELENA W. RANKEN

SCHATTENGEWÄCHS

MEIN WEG DER VERARBEITUNG
DES SEXUELLEN MISSBRAUCHS

SCHWARZKOPF & SCHWARZKOPF

FÜR ALL DIEJENIGEN,
DIE MIR MIT IHREM HERZEN GEZEIGT HABEN,
DASS MAN AUCH IM SCHATTEN WACHSEN KANN,
UND BESONDERS FÜR MEINEN GUTEN FREUND!

INHALT

1

VORWORT

ICH WURDE VON MEINEN ELTERN MISS-
BRAUCHT. EINE KINDHEIT. VOLLER VER-
TRAUENSBRÜCHE. TIEFER VERSCHLOSSEN-
HEIT. BEDRÜCKENDER GEFANGENHEIT. TRIEB-
GESTEUERTER BEFEHLE. FORTWÄHRENDER
HOFFNUNGSLOSIGKEIT.

Ich wurde von meinen Eltern missbraucht. Eine Kindheit. Voller Vertrauensbrüche. Tiefer Verschlossenheit. Bedrückender Gefangenheit. Triebgesteuerter Befehle. Fortwährender Hoffnungslosigkeit. Roter Tränen. Unsichtbarer Narben. Gezwungener Perfektion. Unbewusstem Vergessen.

Voll.

Mit.

Tod.

Einsamkeit.

Sehnsucht.

Gefroren waren meine Gefühle. Erfroren war ich.

Acht Jahre. Lang.

War es Eiszeit.

War es Kindheit.

2
KINDHEIT

ICH SCHRIE NICHT. ERST EIN PAAR MINUTEN SPÄTER, NACHDEM ICH DAS GRELLE KRANKENHAUSLICHT ERBLICKTE, GAB ICH EINIGE LAUTE VON MIR. WENIG SPÄTER VERSTUMMTE ICH ABER WIEDER, SO WIE ICH ES NOCH GANZ OFT IN MEINER KINDHEIT TAT.

Ich schrie nicht. Erst ein paar Minuten später, nachdem ich das grelle Krankenhauslicht erblickte, gab ich einige Laute von mir. Wenig später verstummte ich aber wieder, so wie ich es noch ganz oft in meiner Kindheit tat. Meine Mutter schien nicht gerade glücklich, als sie mich im Arm hielt, auch wenn sie das später natürlich bestritt. Mein Vater stand ratlos daneben. Was sollte er schon mit einem 49 Zentimeter großen Kind anfangen? Ich war noch zu klein für seinen Penis.

Auf dem ersten Bild sahen meine Eltern genauso zerknautscht aus wie ich. Wenn ich dieses Foto heute betrachte, bemerke ich, dass eine ganz merkwürdige Stimmung in der Luft lag. Es kommt mir so vor, als würde es ausdrücken, wie die folgenden Jahre sein würden. Wie eine Warnung. Eine zu späte Warnung.

*

Ich wuchs als Einzelkind unter den Fittichen meiner Mutter und meiner Oma auf. Meine Mutter war immer um mich herum. Mein Vater war immer weg. Ich nannte ihn nicht Papa, sondern Onkel. Deshalb hatte ich auch zu seinen Eltern nie ein gutes Verhältnis gehabt. Sie waren genauso abwesend wie er.

Schon als ich sehr klein war, stritten sich meine Eltern oft. Wegen Papas nächtlichen Fluchten zu irgendwelchen Feiern und Feten. Obwohl der eigentliche Grund wohl eher war, dass sie sich nicht liebten. Türen wurden zugeschlagen, Teller durch die Gegend geworfen und Koffer und Taschen gepackt. Wegen zu wenig Geld. Mama flüchtete mit mir teilweise wochenlang zu ihren Eltern. Dort war eigentlich mein

Zuhause. Meine Mutter und ich teilten uns ihr altes Kinderzimmer, in dem eine unbequeme Schlafcouch stand. Doch das war mir gleichgültig, weil ich bei meinem Opa sein konnte. Ihn hatte ich über alles lieb. Er war mein Vaterersatz.

Mit ihm schaute ich *Biene Maja*, *Heidi* oder *Hanni und Nanni* im Fernsehen. Mit ihm spielte ich Verstecken, auch wenn er sich mit seinem kaputten Knie kaum bewegen konnte. Er brachte mir Schach, Skat, Rommé und Canasta bei und irgendwann gewann ich dann sogar gegen ihn. Manchmal saßen wir stundenlang vor dem Schachbrett und entdeckten neue Züge. Wir spielten Mensch-ärgere-dich-nicht und ich verlor jedes Mal.

Wenn wir zusammen in den Urlaub fuhren, grub er mir tiefe Löcher am Strand und erzählte mir, dass man bis auf die andere Seite der Erdkugel graben könnte. Ich glaubte es ihm. Wenn ich keine Lust mehr auf tiefe Löcher hatte, legte er sich in den Sand und ich buddelte ihn bis zum Hals zu. Manchmal gingen wir auch zusammen zum Meer und ich zog mein langweiliges Plastikschiff durch das Wasser. Er fand es toll. Ich weniger. Lieber gab ich ihm das Schiff und setzte mich in kleine Pfützen, die die Ebbe der Nordsee am Strand hinterlassen hatte.

Mama war davon nicht so begeistert, schließlich musste mein Höschen dann gewechselt werden. Sie trank lieber mit ihrer Mutter Kaffee. Die beiden waren wie eins. Wie zusammengebunden. Unlösbar. Eine absolute Symbiose. Meine Mutter wirkte neben ihr immer wie ein kleines Kind. Ganz gehorsam. Ohne ein Wort der Widerrede. Dieses Wort existierte in unserer Familie sowieso nicht. Man durfte nicht widersprechen. Man musste gehorchen. Das wurde natürlich niemals in der Öffentlichkeit zugegeben oder ausgeführt, aber falls man sich nicht daran hielt, gab es später die Konsequenzen dazu. Konsequenzen kannte meine Familie sehr gut. Es war das Lieblingswort meiner Mutter. Vorher kam jedoch das Wort »Sagrotan«. Meine Mutter hatte eine regelrechte Putzsucht. Alles musste desinfiziert sein. Alles Lebendige musste entfernt werden. Das permanente Entfernen des Lebendigen war nur ein Merkmal unserer toten Beziehung.

Meine Mutter war vollkommen abhängig von ihren Eltern. Finanziell und emotional. Sie hatte zwar ihr Abitur, aber ihr Studium hatte sie wegen ihres Vaters abgebrochen. Meine Oma verabscheute meinen Opa. Auch sie liebten einander nicht. Beide hatten schon seit Langem getrennte Schlafzimmer, und Oma war stets froh, wenn Opa nicht zu Hause war. Er würde stinken und überall Schmutz hinterlassen, predigte sie stets. Das stimmte aber nicht. Er behielt sich nur ein wenig Lebendigkeit bei. Zwischen den ganzen Sagrotan-Flaschen. Meine Oma war auch eine Sagrotan-Fetischistin. Oma und Mama waren sich in vielem unglaublich ähnlich. Beide wussten nichts mit Lebendigkeit anzufangen und mit Liebe erst recht nicht.

Wenn ich meinen Opa damals nicht gehabt hätte, dann hätte ich keine Kindheit gehabt und wäre wohl in die Liga der Sagrotan-Liebhaber abgestiegen. Mein Opa hat mir die schönste Zeit meiner Kindheit ermöglicht. Im Grunde hatte er mir meine Kindheit geschenkt. Opa war für mich mein Held. Damals.

*

Mit fünf Jahren begann für mich dann nach langem Warten endlich der ersehnte Tag: mein erster Schultag. Ich ging in die Vorschulklasse der Grundschule, die bei uns um die Ecke lag. So gern wollte ich allein zur Schule gehen, aber ich durfte es nicht. Mit der Zeit lernte ich meine Mitschüler besser kennen und fand sogar eine beste Freundin. Anabell wohnte bei mir direkt gegenüber. Von unserem Wohnzimmer aus konnte man in ihr Zimmer mit dem Hochbett, auf das ich ganz neidisch war, schauen. Auch wenn unsere Wohnungen nur 100 Meter auseinander lagen, durfte ich auch dort nicht allein hingehen. Nur ganz selten war ich bei ihr, natürlich in der Begleitung meiner Mutter, die, glaube ich, am liebsten auch mit in die Grundschule gekommen wäre. Manchmal meldete sie mich dort sogar krank, um einen Tag mit mir zu verbringen. Auch an jedem Wandertag kam sie mit. Dabei wollte ich so gern einmal Dinge unternehmen, ohne den kontrollierenden Blick meiner Mutter im Nacken zu spüren. Aber dazu kam es nicht. Bis ich 15 Jahre alt wurde und ich für meinen Freiraum mehr oder weniger lauthals eintrat.

3

PAPAS VORSPIEL

DIE ZEIT IN DER SCHULE WAR DER EINZIGE
FREIRAUM, DER MIR BLIEB. ICH DURFTE SPIE-
LEN, WAS ICH WOLLTE. ICH MUSSTE NICHT
ALLEIN SPIELEN ODER MIT MEINER MUTTER,
SONDERN KONNTE MIT ANDEREN SPIELEN.
DAS BEDEUTETE MIR UNGLAUBLICH VIEL.

Die Zeit in der Schule war der einzige Freiraum, der mir blieb. Ich durfte spielen, was ich wollte. Ich musste nicht allein spielen oder mit meiner Mutter, sondern konnte mit anderen spielen. Das bedeutete mir unglaublich viel. Allerdings schränkten mich die Regeln meiner Mutter sehr ein. Ich sollte mir mit niemandem mein Essen oder Trinken teilen und auch von anderen nichts dergleichen annehmen. Es fühlte sich immer wie ein unsichtbarer Stacheldrahtzaun an. Ein einziges Mal ist es mir passiert, dass ich aus Versehen aus einem fremden Glas getrunken habe. Meiner Mutter habe ich dies später ängstlich erzählt. Sie schrie mich an, bis ich weinte. Und sie wollte nicht aufhören. Sie meinte, ich könne mir Krankheiten dadurch holen. Es sei ja alles schmutzig und voller Bakterien. Dabei mochte ich Bakterien eigentlich. Sie waren das Gegenteil von Sagrotan, dachte ich. Deshalb fand ich sie gut. Nachdem ich viel geweint hatte, sprach sie den ganzen Tag kein Wort mehr mit mir. Ich hatte mich oft dafür entschuldigt, aber sie meinte, sie sei verletzt und enttäuscht von mir. Ich fühlte mich unglaublich schuldig. Ich musste sie doch glücklich machen. Ich durfte sie nicht enttäuschen. Aber ich hatte versagt. Wie so oft. Ich genügte nicht. Seit ich auf der Welt war.

Mein Vater bekam von diesen Auseinandersetzungen meist gar nichts mit. Er war die meiste Zeit damit beschäftigt, sein Unternehmen aufzubauen. Davon verstand ich damals noch nicht viel. Lange hatte ich mir gewünscht, dass er öfter für mich da wäre, dass er mit mir meine Barbies frisiert, Verstecken oder Einparken spielt. Aber diese Wünsche gingen nie in Erfüllung. Mit mir zu spielen, schien ihm viel zu lästig und zeitaufwendig zu sein. Manchmal kam er abends in mein Zimmer, wünschte mir eine gute Nacht und verzog sich nach diesen zwei Worten sofort wieder.

Doch irgendwann blieb er immer länger. Er saß auf meiner Bettkante und schaute mich lange und intensiv an. Er starrte förmlich. Mich wunderte das, zumal er normalerweise nie länger als nötig blieb. Mit der Zeit begann er, mich zu streicheln. Anfangs war es noch ganz normal. Ein flüchtiger Blick begleitete ein kurzes Streicheln über den Arm. Manchmal über den Bauch. Meistens kam er nur im T-Shirt und einer Unterhose. Aber auch das war normal. Gewohnt.

Bald blieb es nicht mehr bei einem einfachen, harmlosen Streicheln. Bald sollte auch ich ihn streicheln. Aber nicht am Bauch oder am Arm. Ich sollte ihn am Penis streicheln. Anfangs wusste ich gar nicht, was das ist. Ich hatte so etwas noch nie gesehen. Er erklärte mir, dass man damit Liebe machen kann. Das fand ich schön. Ich wollte Liebe. Er sagte, dass, wenn ich ihn am Penis streicheln würde, er mich lieb hätte. Außerdem würde es nicht wehtun, sagte er, ich bräuchte keine Angst zu haben. Also tat ich es. Anfangs korrigierte er mich immer wieder. Er sagte, ich solle um seinen Penis herumfassen. Aber meine Hand war zu klein. Und er schien nicht zufrieden. Obwohl ich mir die größte Mühe gab. Weil ich geliebt werden wollte.

Meine Mutter lag nebenan im Bett. Sie lauschte dem stillen Stöhnen meines Vaters, wenn ich es gut machte. Manchmal kam da an dem Ende seines Penis etwas Weißes, Dickflüssiges heraus. Erst dachte ich, dass das Pipi sei. Er meinte, dass das ein Zeichen der Liebe wäre. Ich fühlte mich gut, weil ich anscheinend etwas gut gemacht hatte, dass ein Zeichen der Liebe erschien. Ich hatte nicht versagt. Das machte mich stolz.

Später überredete er mich, meine Unterhose auszuziehen. Dann rieb er seinen Penis an meiner Scheide und stöhnte noch viel lauter, als wenn ich ihn streichelte. Es fühlte sich etwas ekelig an, wenn die weiße, dickliche Flüssigkeit an meiner Scheide klebte. Ich nahm auch zum ersten Mal den Geruch seines Penis wahr. Er roch total unappetitlich. Mama hatte mir schon oft gesagt, dass Papa sich nur einmal in der Woche duschen würde. Wenn überhaupt. Das fand ich widerlich. Ich wollte mich auch am liebsten immer, nachdem mein Vater abends bei mir war, waschen. Da war so ein Gefühl in mir. Vielleicht war es Ekel oder Scham. Ich weiß es nicht. Aber ich durfte nicht. Sonst hätte ich ja die Liebe abgewaschen. Papa hatte mir das so erklärt. Ich glaubte ihm. Auch wenn ich ein merkwürdiges Gefühl hatte. Ich vertraute ihm. Er war ja schließlich mein Vater. Morgens war ich immer unendlich müde, doch irgendwie froh, dass ich ein paar Stunden allein mit meinen Freunden verbringen konnte. Ich war sehr ehrgeizig in der Schule. Mit der Zeit hatte ich verstanden, dass meine Eltern mich anscheinend mehr liebten, wenn ich sehr gute Noten bekomme und ein gutes Sozialverhalten habe. Ich wusste, dass ich das Abitur machen sollte. Meine Eltern hatten es schließlich auch. Studieren sollte ich danach. Meine Mutter wollte erst Sanitäterin werden, hatte dann aber ein Studium begonnen und abgebrochen. Sie war damit finanziell vollkommen abhängig von meinem Vater. Das begriff ich schon sehr früh. Ich wollte später Beruf und Kind unter einen Hut bringen. Das hatte ich mir von da an ganz fest vorgenommen. Allerdings dauerte es noch einige Jahre bis zum Abitur.

*

Als ich in die erste Klasse kam, war ich sechs. Es kamen viele neue Mitschüler in die Klasse, aber ich kam mit allen gut klar. Mathe wurde zu meinem absoluten Lieblingsfach. Ich war viel schneller mit den Aufgaben fertig als die anderen Schüler. Danach hatte ich meist Zeit, den anderen zu helfen. Das mochte ich total. Deshalb wollte ich später Mathelehrerin werden. Anderen etwas zu geben, bedeutete mir viel, selbst wenn sie mir nichts zurückgaben. In den anderen Fächern war ich bis auf Sport auch ganz gut. Nur nach meiner Deutschlehrerin hatte ich eine schreckliche Schrift. Aber das störte mich nicht wirklich.

Stefan, meinen ersten Freund, lernte ich auch in meiner Klasse kennen. Er war total lieb, schrieb mir immer kleine Briefe und malte mir Bilder. Händchen haltend liefen wir durch das Schulgebäude und ich fühlte mich ganz erwachsen. Wäre nicht meine Mutter gewesen. Sie verbot mir, meine Süßigkeiten mit anderen zu teilen, und deshalb fanden mich einige Mitschüler irgendwann nicht mehr gut. Aber ich hatte große Angst vor Ärger und hielt mich an die Regeln meiner Mutter.

*

Papa kam abends inzwischen fast regelmäßig zu mir. Es blieb nicht mehr nur beim Streicheln. Bald führte er seinen Penis in mir ein. Es tat furchtbar weh. Ich dachte, er würde mir seinen Penis in mein Pipi-Loch stecken. Aber irgendwann entdeckte ich, dass ich drei Löcher hatte. Das wusste ich vorher nicht. Ich weinte vor Schmerzen. Er sagte aber, dass das noch viel größere Liebe sei. Doch warum tat Liebe so weh? Beim ersten Mal schrie ich. Er sagte mir dann, dass ich still sein soll. Ab da hatte ich zum ersten Mal richtig Angst vor ihm. Liebe konnte doch nicht so wehtun. Und Liebe war doch eigentlich ein Gefühl und hatte nichts mit dem Körper zu tun, dachte ich. Papa lobte mich danach immer, wenn ich ruhig war. Das fiel mir die ersten Male total schwer. Dabei drang er nicht ganz ein. Nur etwas. Aber das reichte. Warum tat mir das so weh?, fragte ich mich immer wieder. Empfanden die anderen Siebenjährigen denselben Schmerz? Papa hatte ja gesagt, dass das ganz normal sei, was er tat. Doch mittlerweile glaubte ich ihm das nicht mehr.

*

An den Wochenenden war Papa nun öfter zu Hause. Vielleicht nahm ich ihn mittlerweile aber auch erst richtig wahr. An Samstagen und Sonntagen wollte ich immer etwas allein mit meiner Mutter machen. Ich verabscheute es, wenn Papa es wagte, mitzukommen. Ich trat ihm dann manchmal in die Eier. Ich wusste, dass ihm das wehtat. Wahrscheinlich war das das Unterbewusstsein, das mich dazu brachte, ihm ähnlichen Schmerz zuzufügen, wie ich ihn erlebt hatte. Auch wenn eine Siebenjährige einem 40-jährigen Mann nie denselben Schmerz zufügen kann wie andersherum. Er hielt mich dann oft so doll an Armen und Handgelenken fest, dass ich weinte. Manchmal bog er sie mir auch um. Das tat noch einige Tage danach weh. Aber schlimmer war für mich, dass er mir meine Kuscheltiere wegnahm. Meine Kuscheltiere hatten immer ein offenes Ohr für mich, und ich wünschte mir so oft, dass sie mit mir reden könnten.

Aber sie blieben stumm. Genauso wie ich. Ein einziges Mal hatte ich in der Schule meiner Lehrerin gesagt, dass mich jemand angefasst hätte. Wer, sagte ich nicht. Das traute ich mich nicht. Die Lehrerin sprach sofort mit meiner Mutter und die war fürchterlich sauer auf mich. Gegenüber meiner Lehrerin äußerte sie sich ganz besorgt und zu Hause ging der Ärger richtig los. Also verstummte ich. Und spielte in der Schule ein Mädchen, um das sich niemand sorgen musste, das Leistung brachte, Freunde hatte und glücklich war. Das seine Eltern liebte. Es sich aber eigentlich nur wünschte, liebenswerte Eltern zu haben. Tagsüber war ich das liebe Mädchen. Abends war ich die liebe Frau. Für meinen Vater. Auch wenn ich erst sieben war.

Meine Mutter begann ich zu hassen, obwohl ich sie gleichzeitig liebte, weil sie mir – noch – nichts getan hatte. Manchmal klemmte ich mir meine Finger in der Tür ein, um den Hass ihr gegenüber wegzubekommen. Ich war so leer und gleichzeitig so voll mit Schuld und Scham, Hass und Liebe. Das war zu viel. Viel zu viel. Und zu wenig. Viel zu wenig.

*

Als ich in die dritte Klasse kam, mussten wir am Schwimm-unterricht teilnehmen. Ich konnte allerdings noch nicht schwimmen, hatte große Angst vor Wasser, und eine Zeit lang weinte ich jedes Mal, wenn ich auch nur duschen muss-te. Bis ich sechs war, machte ich auch öfter in mein Bett und musste ab und an noch eine Windel tragen. Meine Mutter war immer total wütend, wenn das Bett wieder nass war.

Dabei machte ich das ja nicht mit Absicht. Ich fühlte mich schuldig.

Am Schwimmunterricht musste ich allerdings nicht teilnehmen. Meine Mutter hatte mir ein Attest beim Arzt besorgt, auch wenn die darauf geschriebene Diagnose nicht stimmte. Bis jetzt weiß ich nicht, ob sie es wegen meiner Angst vor dem Wasser geholt hatte oder weil ich viele blaue Flecken wegen meines Vaters hatte.

Die erste Klassenfahrt stand an. Auch dafür besorgte mir meine Mutter ein ärztliches Attest. Angeblich sollte ich eine Zahn-OP haben. Aber bis heute wurde ich nie operiert. Meine Mutter hatte das Talent, mir alles so zu vermitteln, dass ich wirklich glaubte, eine OP vor mir zu haben. Umso erleichterter war ich, als es nicht so war. Ich war etwas traurig, dass ich nicht mitfahren durfte. Andererseits hatte ich aber auch etwas Angst vor der Klassenfahrt gehabt. Meine Mutter hatte mir erzählt, dass es in Schullandheimen ganz viele Bakterien gäbe und sie während ihrer Schulzeit einmal eine Magen-Darm-Grippe auf einer Klassenfahrt bekommen hatte. Bakterien waren ganz schlimm, das hatte ich von ihr gelernt. Im Gegensatz zu ihr bekam ich aber nicht gleich eine Panikattacke, wenn mir übel war. Dadurch fühlte ich mich stärker.

Mit der Zeit übernahm ich für sie die Mutterrolle. Ich hörte mir ihre Sorgen an, gab ihr Tipps und kümmerte mich um sie, wenn sie krank war. Oftmals kam sie mir vor wie ein Kind. Und Kinder durfte man nicht allein lassen. Deswegen tat ich es auch nicht. Dabei wünschte ich mir, dass ich endlich wieder Kind sein durfte. Tags. Und nachts. Ich hoffte es so sehr. Und die Hoffnung durfte nicht sterben.

4

MAMAS VORSPIEL

MEINE MUTTER LIESS MICH NIE AUS DEN AUGEN. SELBST IN UNSERER WOHNUNG WAR SIE STÄNDIG UM MICH HERUM. BESONDERS OFT WAR SIE BEI MIR, WENN ICH IM BAD WAR. SIE SCHAUTE MIR BEIM DUSCHEN ZU, WIE ICH MICH AUSZOG, WIE ICH MICH WUSCH, WIE ICH AUF DER TOILETTE SASS.

Meine Mutter ließ mich nie aus den Augen. Selbst in unserer Wohnung war sie ständig um mich herum. Besonders oft war sie bei mir, wenn ich im Bad war. Sie schaute mir beim Duschen zu, wie ich mich auszog, wie ich mich wusch, wie ich auf der Toilette saß. Einfach bei allem. Mich störte das irgendwann. Aber ich sagte nichts. Zu groß war die Angst vor Ärger. Ich wollte sie nicht enttäuschen. Sie hatte doch niemanden außer mir und ihren Eltern. Und ich war ja immer da. Ich durfte sie nicht allein lassen.

*

Irgendwann begann sie, mich jedes Mal nach dem Duschen abzutrocknen, obwohl ich das schon eine ganze Weile allein konnte. Ich blieb stumm. Wortlos. Meine noch kindlichen Brüste trocknete sie dabei sehr intensiv ab. Je mehr sie wuchsen, desto länger trocknete sie sie ab und streichelte sie. So kam es mir zumindest vor. Auch an meiner Scheide machte sie sich intensiv zu schaffen. Anfangs steckte sie mir ab und an auch ihren Finger in die Scheide. Ich spürte dabei ihre langen Fingernägel und oftmals zuckte ich vor Schmerzen zusammen. Aus ab und an wurde dann immer.

Als ich mit elf Jahren meine Tage bekam, schien sie ganz aufgeregt, vielleicht auch erregt, zu sein. Sie schrieb mir vor, Tampons zu benutzen, aber anfangs bekam ich sie nicht eingeführt. Sie half nach. Ohne, dass ich es wollte. Sie blühte dabei geradezu auf. Ich hasste sie dafür.

Auch sollte ich ihr immer wieder helfen, so nannte sie es zumindest. Wenn sie Migräne hatte oder krank war, sollte ich ihr manchmal den Hintern abwischen. Sie zur Toilette zu begleiten, wurde dadurch zur Normalität. Ich ekelte mich immer mehr vor ihr. Genauso wie vor meiner Oma, die wahrscheinlich von allem wusste. Ich hasste beide.

Von da an empfand ich das, was meine Mutter tat, zum ersten Mal als falsch. Aber dieser Gedanke ertränkte sich in Schuldgefühlen und Scham. Und Schuld war immer stärker als Wahrheit. Hoffnung war dem Schuldgefühl dabei nur ein nicht ernst zu nehmender Konkurrent, der so schnell verschwand, als wäre er nie da gewesen. Vernichtet. Verstorben. Verschwunden. Vergessen. Missbraucht.

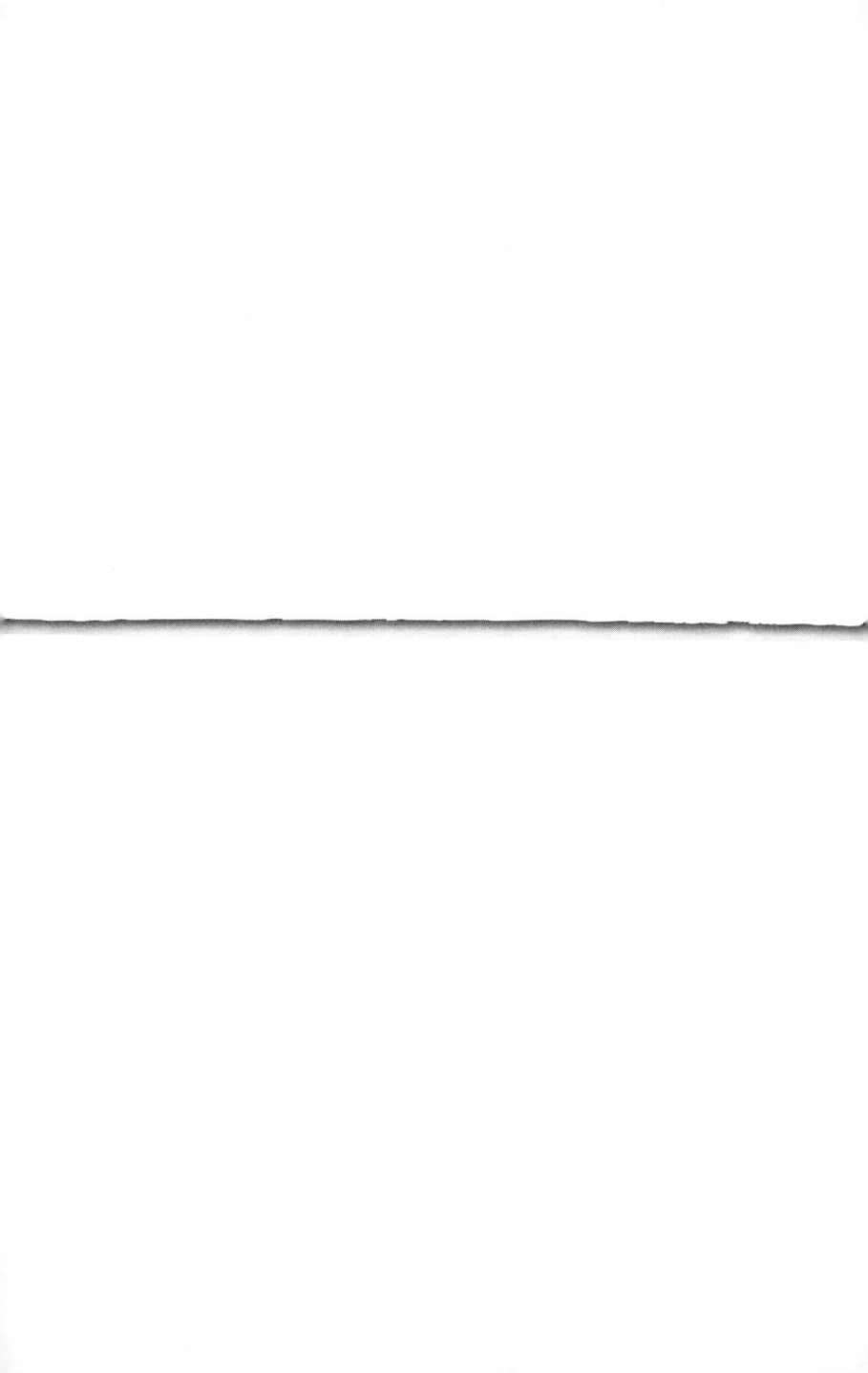

5
HÖHEPUNKT

NACH DER VIERTEN KLASSE GING ICH AUF EIN
KLEINES GYMNASIUM. NUN WAR ICH SCHON
GROSS. FAST ERWACHSEN. MIT ZEHN JAHREN.
ABENDS UND NACHTS WAR ICH ZUMINDEST
IMMER ERWACHSEN. ICH MUSSTE ES SEIN.
SONST HÄTTE ICH ES NICHT GESCHAFFT.

Nach der vierten Klasse ging ich auf ein kleines Gymnasium. Nun war ich schon groß. Fast erwachsen. Mit zehn Jahren. Abends und nachts war ich zumindest immer erwachsen. Ich musste es sein. Sonst hätte ich es nicht geschafft.

*

In der Schule fühlte ich mich eigentlich ganz wohl. Anfangs. Zwei Freundinnen waren mit mir zusammen auf das Gymnasium gewechselt. Aber mit der Zeit fingen meine Mitschüler an, mich zu mobben. Sie machten sich über meine Kleidung lustig, die mir meine Mutter immer noch vorschrieb. Oft hatte sie sogar dasselbe an wie ich. Das war mir peinlich. Aber peinlicher war es mir, dass ich meist rosafarbene Kleidung tragen sollte. Dass sie mich auch jeden Tag zur Schule brachte und wieder abholte, machte es noch deutlich schlimmer. Tagsüber durfte ich nicht erwachsen sein. Da musste ich das kleine, gehorsame Kind sein. Alle anderen fuhren bereits mit dem Bus allein zur Schule. Dadurch fühlte ich mich oft abseits. Und ich war es auch. Meine zwei Freundinnen fanden neue Freunde, aber ich zog mich immer mehr zurück. Auch wenn ich am liebsten dazugehören wollte. Aber ich konnte es nicht.

Meine Leistungen wurden etwas schlechter und manchmal weinte ich in der Schule. Alle dachten, es wäre wegen irgendwelcher schlechter Noten.

*

Meine Eltern verstanden sich scheinbar wieder besser. Sie vereinten sich. Zu einem machtbesessenen Monster. Zwei gegen einen war schon immer unfair. Aber zwei Erwachsene gegen ihr eigenes Kind war wortlos.

Nachts kamen sie zusammen in mein Zimmer. Meine Mutter predigte stets, dass ich, bevor Papa nach Hause kam, noch schnell duschen sollte. Eigentlich wollte ich lieber morgens duschen. Um den Schmutz der Nacht loszuwerden. Aber das hätte nichts geholfen. Das wusste ich. Nicht die stärkste Seife der Welt hätte den inneren Schmerz wegwaschen können. Der Schmerz würde bleiben. Ein Leben lang.

Nachdem mein Vater nach Hause gekommen war, musste er erst einmal auf die Toilette. Aber nicht, um sich zu waschen. Duschen wurde für ihn immer mehr zu einem unverständlichen Fremdwort. Meine Mutter hingegen verkörperte eine Sagrotan-Flasche. Unlebendig. Kalt. Gefühlslos. Sagrotan war der Mörder der Bakterien. Meine Mutter die Mörderin der Lebendigkeit. So nahm ich es auch wahr, wenn sie abends zusammen mit meinem Vater in meinem Zimmer stand.

Er zog sich unter dem strengen Blick meiner Mutter geschwind seine Unterhose aus und setzte sich auf mein Bett. Darin hatte er schon jahrelange Übung. Sie lehnte sich an die Wand und begutachtete alles genau. Er setzte sich auf mich und führte seinen Penis in meine Scheide. Ich schrie vor Schmerzen, je tiefer er ihn einführte. Ich hatte das Gefühl, mir würde unten alles reißen. Ich verstand nicht, was er da tat. Ich wollte es nicht verstehen. Dann wäre all die Hoffnung mit einem Mal gestorben. Und das hätte ich nicht überlebt.

Ich weinte und schrie, dass er mich in Ruhe lassen soll. Ich schrie nach meiner Mutter. Aber sie half mir nicht. Sie schrie, dass ich still sein soll, sonst würde es nur noch schlimmer werden. Ich müsse da durch. »Nein!«, schrie ich. Aber ein Nein hatte noch nie gegolten. Durch mein Weinen schien meine Mutter geradezu angestachelt, noch mehr sehen zu wollen. Mein Vater bewegte sich hin und her. Raus und rein. Her und hin. Rein und raus.

Ich hatte Angst, sterben zu müssen. Ich hatte so große Angst. Ich wollte noch nicht sterben. Und wenn ich sterben müsste, dann wollte ich mir meinen Tod aussuchen. Ich wollte nicht unter meinem Vater sterben. Und nicht bei meiner Mutter.

In dieser Nacht, als meine Eltern mich das erste Mal gemeinsam missbrauchten, hatte ich gedanklich bereits mit meinem Leben abgeschlossen. Ich dachte, sie wollten mich umbringen. Aber als ich am nächsten Morgen die Augen aufschlug, stellte ich fest, dass ich noch da war. Auch wenn ein großer Teil meiner Seele in der Nacht umgebracht wurde.

Meine Mutter weckte mich gespielt liebevoll wie immer. Ich schaute ihr in die Augen und fragte sie, was Papa und sie gestern Nacht mit mir gemacht hatten. Sie sah mich lächelnd an und meinte: »Mäuschen, wir haben dich ins Bett gebracht.«

Ich verstand das Verhalten meiner Mutter nicht. Sie konnte das, was sie und Papa gestern mit mir gemacht hatten, doch nicht so bezeichnen. Das war falsch. Ich hatte solche Schmerzen gehabt, so geweint und geschrien. Und nun sollte das einfach so vergessen sein? Aber vielleicht hatte ich es ja verdient. Vielleicht hatte ich mir das ja alles nur eingebildet. Vielleicht hatte ich nur schlecht geträumt. Doch die Wahrheit war nicht zu verdrängen. Selbst wenn man sich die größte Mühe gab. Mama. Und Papa. Hatten. Mich. Missbraucht.

*

In der Schule stand ich vollkommen neben mir. Im Unterricht saß ich still in der Ecke und hoffte, dass mich niemand sah. Denn wenn mich niemand sah, konnte mich auch niemand wahrnehmen. Dann konnte mir niemand wehtun. Ich fühlte nur Scham. Ich war wahrscheinlich schuld daran. Mit einem Kind, das gut war, hätten sie es vielleicht nicht gemacht. Aber in ihren Augen war ich nicht gut. Deshalb hatte ich es wohl verdient.

In den Pausen flüchtete ich auf die Toilette und schloss mich in eine Kabine ein. Ich nahm das Klopfen gegen die Tür gar nicht wahr. Für mich war es nur ein dumpfes Geräusch in weiter Ferne. Es war mir vollkommen gleichgültig, was um mich herum geschah. Es war so unwichtig. Ich musste gestern Nacht vergessen. Dann würde vielleicht auch der Schmerz weggehen. Alles wäre wie vorher. Und die Hoffnung, dass Mama und Papa genug gehabt haben, wäre noch da. Aber sie hatten nicht genug. Sie würden nie genug haben.

Als der Schulunterricht an diesem Tag vorbei war, wünschte ich mir, dass das, was gestern geschah, nur ein Ausrutscher war. Nur ein Versehen. Ein Zwischenfall.

Meine Mutter holte mich wie immer mit ihrem silbernen BMW direkt vor der Schule ab. Meine Mitschüler machten sich wieder lustig und meine Mutter interessierte das nicht. Sie fragte, wie der Tag war. Ich antwortete nicht. Sie fragte, ob alles in Ordnung sei. Ich antwortete nicht. Sie fragte, ob irgendetwas geschehen sei. Nein, sagte ich. Es war nichts geschehen. Weil es nicht geschehen durfte.

*

Zu Hause wartete Oma auf meine Mutter und mich. Die selbst gemachten Kartoffelpuffer stanken bis auf die Straße. Meine Mutter liebte sie. Ich nicht. Sowohl die Kartoffelpuffer als auch die Oma.

Als mich meine Oma begrüßte, schaute sie mich argwöhnisch an. Ich verschwand in meinem Zimmer. Flucht. In die Hölle. Nach labbrigem Kartoffelpuffer war mir gar nicht zumute. Ich sammelte ganz viel Spucke in meinem Mund und schluckte sie hinunter. Dabei stellte ich mir vor, dass es die gestrige Nacht war, die damit verschwand. Die gestrige Nacht, die dann irgendwann unten wieder herauskam. Verdaut. Ausgeschieden. Hinuntergespült.

Da ich mich heute anfangs weigerte, den Kartoffelpuffer zu essen, drohte meine Oma mir wieder mit künstlicher Ernährung. Sie liebte es, sich so weit in dieses Thema hineinzusteigern, dass sie Tausende Details mitteilen musste. Also schluckte ich den Kartoffelpuffer nahezu ohne zu kauen und in einem Stück hinunter.

Danach verschwand ich sofort wieder in meinem Zimmer. Meine Mutter kontrollierte später meine Hausaufgaben, also machte ich diese halbherzig und mit abwesenden Gedanken.

Eigentlich wollte ich nur weg. Ganz weit weg. Zu einer Familie, die mich liebte. Zu einer Familie, bei der ich nicht immer das Böse war. Zu einer Familie, die mich in den Arm nahm, weil ich das Kind war und nicht irgendein sexuelles Befriedigungsobjekt. Ich wünschte mir, Kind zu sein. Ohne Drohungen aufzuwachsen. Fehler machen zu dürfen. Ab und an mal die Hausaufgaben vergessen zu können. Mit Freundinnen unterwegs zu sein. Erwachsen zu werden. Glücklich zu sein. Geliebt zu werden. Mehr wünschte ich mir nicht. Einfach nur Liebe. Und ein wenig Hoffnung.

Doch die Hoffnung zerplatzte wie eine Seifenblase im Wind. Am Abend sollte ich mich wieder schnell duschen, bevor mein Vater nach Hause kommen würde. Ab diesem Moment wusste ich, dass gestern keine Vergangenheit war, sondern die Zukunft. Innerlich spürte ich, dass es nicht nur gestern und heute passierte, sondern auch morgen, übermorgen …

Als ich unter der Dusche stand, hoffte ich inständig, irgendwann durch das kleine Badezimmerfenster flüchten zu können. Aber ich passte nicht hindurch. Ich war zu dick. Fand ich. Eigentlich war das Badezimmerfenster nur zu schmal. Aber das sah ich nicht. Ich überlegte, ob ich irgendwie anders entfliehen könnte. Wenn ich weglaufen würde, würden meine Eltern mich mit Hilfe der Polizei zurückholen. Sie würden auf einmal die liebsten Eltern sein, die sich um ihre rebellische Tochter sorgten und immer nur das Beste für sie wollten. Meine Eltern konnten ganz wunderbar das Gegenteil von sich darstellen, wenn es darauf ankam. Das hatte ich schon mehrfach erlebt. Am liebsten würde ich einfach verschwinden, wie durch Magie. Auf einmal an einem anderen Ort sein. Weg von meinen Eltern. Aber es ging nicht.

Ich verließ das Bad und ging in mein Zimmer. Ein paar Minuten hatte ich noch. Kurze Zeit später hörte ich den Schlüssel in der Wohnungstür und mein Vater stapfte herein. Er schmiss seine Aktentasche gegen die Garderobe und marschierte in sein Arbeitszimmer. Ich hörte die Tastatur klackern und den Schreibtischstuhl quietschen. Die Dielen knarrten dumpf. Meine Mutter saß im Wohnzimmer und schaute Fernsehen. Sie wechselten ein paar Worte miteinander und kamen dann zusammen in mein Zimmer. Ich zitterte etwas. »Nein«, sagte ich, obwohl ich wusste, dass es nicht gehört wurde. Meine Mutter lächelte besonnen. Mein Vater stöhnte und starrte mich an. Er schwitzte. Das bedeutete nichts Gutes. Wenn er schwitzte, war er immer sehr schlecht gelaunt. Er schwitzte viel.

Mein Vater setzte sich auf meinen Bettrand. Gleichzeitig machte mir meine Mutter deutlich, dass ich die Bettdecke zur Seite schieben und mich komplett ausziehen sollte. Sie ließ das Rollo herunter und machte nebenan im Schlafzimmer die Lampe an, sodass düsteres Licht in mein Zimmer fiel. Mein Vater zog sich sein Hemd und seine Hose aus. Die Socken behielt er an. Tennissocken. Er kniete sich über meinen Oberkörper, sodass sein Penis direkt vor meinem Gesicht hing. Ich sollte ihn lutschen. Er schmeckte schrecklich. Und er war riesig. Am liebsten hätte ich mich übergeben. Oder meine Nase zugehalten. Er roch genauso, wie er schmeckte. Abscheulich.

Doch je länger ich daran lutschte, desto mehr drifteten meine Gedanken ab. Ich wusste, wenn ich aufhörte zu lutschen, würde es schlimmer werden. Die Angst davor war zu groß. Ich stellte mir vor, dass es ein leckerer Lolli wäre. Ich überlegte, welche Geschmacksrichtung mir gefallen würde. Irgendetwas zwischen Erdbeere und Himbeere. Je länger ich daran lutschte, desto größer und dicker wurde er. So kam es mir vor. Ich wusste nicht warum. Also stellte ich mir vor, dass der Lutscher verzaubert war und immer größer wurde, je länger ich es tat. Mit diesen Gedanken war ich lange beschäftigt und trotzdem kam es mir vor wie eine Ewigkeit. Ich dachte, dass ich irgendwann daran ersticken würde. Aber das geschah nicht. Leider.

Irgendwann beschloss mein Vater, seinen Penis wieder unten bei mir einzuführen. Bereits als er hinunterrutschte, bereitete ich mich auf die Schmerzen vor. Aber sie waren dieses Mal nicht so doll. Ich nahm kaum noch etwas um mich herum wahr.

Ich sah förmlich, wie mein Körper auf dem Bett lag, sich ab und an krümmte und atmete. Aber ich spürte davon nichts. Ich stand daneben. Beobachtete meinen Vater. Wie er sich immer nach vorn und zurück bewegte. Wie ihm der Schweiß die Schläfen hinunterrann. Wie meine Mutter an der Wand lehnte, mit verschränkten Armen und einem prüfenden Blick. Manchmal lächelte sie. Wenn sich mein Körper krümmte.

Anfangs war es für mich erleichternd, dass ich so gut wie keine Schmerzen spürte, dass mein Körper taub war, aber später verzweifelte ich daran. Es war für mich kaum auszuhalten, mitansehen zu müssen, wie mein Körper starke Schmerzen hatte, ich es aber nicht verhindern konnte. Ich konnte nicht eingreifen und fühlte mich hilflos und einsamer denn je. Ich war gespalten. Gleichzeitig war ich dankbar dafür und andererseits hasste ich mich. Warum konnte ich nicht einfach bei mir bleiben? Warum konnte ich nicht stark genug sein? Warum konnte ich es nicht aushalten? Wieso war ich so schwach?

Wie viel Zeit vergangen war, bis meine Eltern mein Zimmer wieder verließen, wusste ich nicht. Es war zu lang gewesen. Um der Zeit einen Raum zu geben. Ich zog meine Unterhose und mein Nachthemd wieder an und versteckte mich unter der Bettdecke. Vielleicht würde ich ja doch irgendwann einfach verschwinden können. Aber warum? Es war ja nichts geschehen. Weil niemand mir glauben würde. Weil so etwas ja nicht passierte. Weil meine Eltern ja Geld hatten. Weil die Menschen Angst vor der Wahrheit haben. Weil sie Gewalt zuließen, um die Perfektion zu wählen.

Doch Perfektion gibt es nicht. Niemals. Denn Perfektion ist eine Utopie von Wünschen und Sehnsüchten. Wie eine künstlich gezüchtete Erdbeere. Groß, geformt und knallrot. Doch wenn man hineinbeißt, dann schmeckt sie nicht. Perfektion gibt es nur nach außen. Das, was dahinter ist, ist ungenießbar. Weil es die Wahrheit ist. Nicht mehr und nicht weniger. Perfektion ist niemals Wahrheit.

*

Die nächsten zwei Jahre kamen meine Eltern immer wieder in mein Zimmer, um ihr Verlangen zu stillen. Verlangen nach Macht und Anerkennung, nach Trieben und Lust, nach Gewalt und Drohungen. Nach der Bekämpfung des unbewussten Kindes in ihnen, das wohl immer laut aufschreien musste. Aber es wurde nicht gehört. Genauso wie ich.

*

Manchmal fragte ich mich, ob die Nachbarn nicht irgendetwas mitbekamen. Aber ich wusste, dass Menschen taub und blind sein können, wenn es nicht um ihre eigenen Probleme geht. Der Nachbar über uns hörte jeden Abend die Todesszene aus *Madame Butterfly*. Gewaltige Musik zu gewaltreichen Taten. Wie passend. Die Nachbarin nebenan war meistens mit ihrem Hund beschäftigt, der mehr quietschte als bellte. Uns gegenüber wohnte eine Frau, die in der Presse oft wegen irgendwelcher Skandale auftauchte, mit ihrem Freund, den sie zumeist zusammen mit Geschirr und Gläsern aus der Wohnung schmiss. Morgens lagen dann die Reste davon im Garten. Zwischendurch hatte sie einen sehr jungen Freund gehabt, der aber auch bald dran glauben musste. Und wenn sie gerade nicht mit irgendwelchen Männern beschäftigt war, die vor der Haustür schlafen mussten, dann fuhr sie betrunken Auto oder ließ irgendwo einen abgebrochenen Fingernagel liegen. Wie gern hätte ich ihre Probleme gehabt.

Die meisten Menschen beschäftigen sich allein nur mit ihren Problemen, und die wenigen Menschen, die sich Problemen anderer annehmen, ohne sie zu ihren eigenen zu machen, diese Menschen sind so selten wie Schnee im Sommer.

Die Eiszeit. Der Gefühle. Blieb. Ich war allein. Mit meinen stummen Kuscheltieren. Und den Tränen. Im Bett.

Die Schmerzen summten ein stilles Gutenachtlied zum tränenreichen Schlaf. Von da an nahm ich jedes kleinste Geräusch in der Wohnung auch während des Schlafes wahr. Jedes Mal lief mir ein kalter Schauer über den Rücken. Die Angst machte sich breit. Ich schlief mit offenen Augen. Ungeschützt. Und kondomlos. Waren die Nächte. Und zu viele, um sie jemals zählen zu können.

*

Ich war fünf Jahre alt, als der Missbrauch durch meine Eltern begann, und ich war 13 Jahre alt, als ich es überlebt hatte.

6

WURZEL

ALS DER MISSBRAUCH ENDETE, WAR ER BE-
REITS VERDRÄNGT. IN DEN TIEFEN MEINER
SEELE UND MEINES KÖRPERS VERSTECKT.
GUT BEHÜTET. SO TIEF VERSPERRT, DASS
SELBST ICH EINE GANZE ZEIT LANG KEINEN
SCHLÜSSEL DAFÜR FAND.

Als der Missbrauch endete, war er bereits verdrängt. In den Tiefen meiner Seele und meines Körpers versteckt. Gut behütet. So tief versperrt, dass selbst ich eine ganze Zeit lang keinen Schlüssel dafür fand. Es war besser so. Die blauen Flecken waren so spurlos verschwunden, als wären sie nie da gewesen, die Kratzer meiner Mutter waren narbenlos verheilt, doch das Gefühl der Schuld und Unerwünschtheit blieb. Das Symptom war da, die Ursache nicht mehr.

Kurz nachdem die Gewalt vorbei war, bekam ich eine schlimme Lungenentzündung. Viel zu spät war sie entdeckt worden, weil meine Mutter sich weigerte, mit mir zum Arzt zu gehen. Falls sie es doch getan hätte, wäre das eine absolute Offenbarung, ein Schuldeingeständnis gewesen. Schließlich hatte ich am gesamten Körper Hämatome und Verletzungen an der Scheide. Ein Schuldeingeständnis konnte man von meinen Eltern nicht erwarten. Sie war nicht schuld. Er auch nicht. Aber ich. Ich war an allem schuld. Redeten beide mir ein.

Meine beiden Lungenflügel waren nahezu komplett entzündet. Bei jedem Atemzug musste ich vor Schmerzen weinen. Es war, als würde mir jemand das Atmen verbieten. Wie eine Strafe. Das erste Antibiotikum hatte nicht geholfen. Mir war in dem Moment nicht bewusst, dass ich hätte sterben können. Erst als es hieß, dass das zweite Antibiotikum anschlagen muss, wurde es mir bewusst.

Aber es schlug an, und ich überlebte. Schon wieder. Einerseits war ich glücklich, dass ich es geschafft hatte, andererseits war da ein tiefes inneres Gefühl der Todessehnsucht, der Flucht aus dem Leben. Der Wunsch, einen natürlichen oder auch einen selbst indizierten Tod zu sterben. Der Tod war für mich ein steter Begleiter, ein Freund geworden. Die Angst vor ihm war kaum noch zu fühlen. Tot zu sein hieß für mich, befreit zu werden.

*

Nachdem es mir etwas besser ging, fing ich an, zu essen. Zu fressen. Ohne Halt. Ohne Grenzen. Schnell nahm ich zu. Fünf Kilogramm. Zehn. 15. 20. Eine Schutzschicht aus Fett. Ein Rettungsring im wahrsten Sinn des Wortes. Ich versteckte mich hinter Schokoladentafeln, Keksrollen, Gummibärchenpackungen und Nutella-Gläsern und fühlte mich zum ersten Mal sicher. Die Einsamkeit tat ihr Übriges dazu. Wenn man als Kind krank im Bett liegt, wünscht man sich, dass die Eltern nach einem schauen, dass sie einen umsorgen, vielleicht sogar das Lieblingsgericht kochen oder mit einem zusammen eine DVD schauen. Doch das kannte ich nicht. Nur in meinen Träumen waren Eltern bei mir. Nicht meine eigenen, aber Eltern, die mich umsorgten und von ganzem Herzen liebten. Doch die Realität ließ alle Träume wie Seifenblasen zerplatzen.

Nach sechs Wochen durfte ich wieder in die Schule gehen. Ich freute mich darüber. Die Schule war für mich ein Ort, an dem ich mich frei fühlen konnte. Allerdings können Mitschüler einem diesen Platz auch schnell wegnehmen. Man brauchte nur fünf Kilogramm zuzunehmen. Und wenn es dann zehn wurden, dann war es vorbei.

Meine Mitschüler versuchten, meine Schutzschicht aus Fett durch Beschimpfungen und Lästereien zu durchbrechen. Oft stand ich allein auf dem Schulhof oder verkroch mich auf den Schultoiletten. Im Unterricht saß ich allein in der ersten Reihe. Das Gefühl des Alleinseins kannte ich bereits in- und auswendig. Auch wenn ich oft neidisch auf die Mädchen blickte, die eine ganze Schar Freunde auf dem Schulhof um sich hatten. Immer mehr konzentrierte ich mich auf meine Leistungen, wurde ehrgeiziger und mit sehr guten Noten und einem sehr guten Zeugnis belohnt. Dick sein und einen Einser-Durchschnitt zu haben, war kein gutes Rezept, um viele Schulfreunde zu bekommen.

Zum Glück rückte mein 14. Geburtstag immer näher. Ich wollte unbedingt ganz groß feiern. Mit allen Mitschülern. 40 Leute sollten kommen. Und ich freute mich. Meine Eltern wollten, dass ich in meinem Sportklub feiere. Obwohl ich davon nicht wirklich überzeugt war, willigte ich ein. Meine Mutter kaufte mir für den Geburtstag extra ein gelbes Shirt, weil ich die Farbe zu der Zeit sehr mochte. Dass ich aber aussah wie eine gelbe Boje, wurde mir erst nach einem Blick auf die Fotos der Feier bewusst. Von den 40 Leuten, die ich eingeladen hatte, kamen gerade mal zehn. Es war ein Reinfall. Und mir war es furchtbar unangenehm. Ich wusste, dass alle am nächsten Schultag wieder lachen würden. Über mich. Über meine große Feier. Mit nur zehn Leuten. Über meine Eltern, die natürlich bei jedem meiner Schritte dabei waren, die alles beobachten mussten, um ihre sexuellen Lüste zu stillen. Am liebsten wäre ich danach gar nicht mehr zur Schule gegangen. Aber ich musste. Durchhalten. Nächte. Und Tage. Und alles, was die Zeit nicht einfangen konnte.

Natürlich ging es nach der Feier los. Mit dem Lachen. Mit den Beschimpfungen. Beleidigungen. Und dem Ausgrenzen. Warum definierten immer andere meine Grenzen?

Das fragte ich mich zu dieser Zeit sehr oft. Ich fand keine Antwort darauf, dafür aber Schokolade in der Küche. Und diese war momentan das Mittel für alles. Sie füllte die Leere, befreite vom Schmerz und verdrängte Angst und Zweifel.

*

Im darauffolgenden Sommer sagte mir mein Vater, dass er mich dick und hässlich fände. Eigentlich durfte er sich mit seinen 120 Kilogramm kein Urteil über mein Gewicht erlauben, aber er hielt sich an keine Grenzen. Es durfte mich nicht verletzen, das wusste ich, aber es tat es. Meine Mutter stimmte ihm zu, obwohl sie vorher mehrmals sagte, dass ich eine gute Figur hätte. Sie konnte ihre Meinung so schnell ändern, dass sie den schnellen Umschwüngen des Aprilwetters absolute Konkurrenz machte. Mir taten diese Worte weh, dass ich die Nutella-Gläser entsorgte und weniger aß. So nahm ich innerhalb von einem Monat zehn Kilogramm ab. Aber das reichte mir nicht. Meine Diät erfüllte mich und gab mir wieder einen Sinn, den ich so lange gesucht hatte.

In der Schule sprach man dann auf einmal wieder mit mir. Selbst von den Lehrern wurde ich gelobt, dass ich so viel abgenommen hatte. Folglich schwor ich mir im Stillen, nie wieder so viel zu wiegen wie damals. Nachdem ich 15 Kilogramm abgenommen hatte, hörte ich mit meiner Diät auf. Meine Oma hatte mir schon mit künstlicher Ernährung gedroht. Wie damals bei den Kartoffelpuffern. Das tat sie immer, wenn ich nichts aß. Und ich wusste, dass sie es wahr machen würde, wenn sie könnte. Aber ich wollte keine Umstände machen, ich war ja schon an sich ein Umstand.

Meine Klassenkameraden gingen mir, nachdem ich mit dem Hungern aufgehört hatte, wieder aus dem Weg. Ich fühlte mich, gleichgültig wo ich war, falsch. Fehl am Platz. Unerwünscht. Doch mit der Zeit lernte ich, das zu akzeptieren. Es war und blieb eine Sache der Gewöhnung. Auch wenn es mir immer wieder wehtat.

*

Anna, die ebenfalls sehr ehrgeizig war, mochte ich als Einzige gern. Sie redete mit mir. Unsere Mütter verstanden sich gut, sodass wir uns irgendwann einmal nach der Schule trafen.

Anna war eine ganz Liebe und Ruhige, auf die man sich gut verlassen konnte. Ich bemerkte über die kurze Zeit unserer bisherigen Freundschaft nicht, wie schlecht es ihr ging. Irgendwann hatte ich einmal ein Pflaster an ihrem Handgelenk gesehen, aber mir nichts dabei gedacht.

Ein paar Monate später kam abends ein Anruf ihrer Mutter. Ich wurde ins Wohnzimmer geschickt und spürte, dass irgendetwas nicht stimmte. Leise verharrte ich vor der geschlossenen Wohnzimmertür, versuchte, einige Bruchstücke des Telefonats zu erhaschen. Meine Mutter sprach immer wieder von Notarzt, Krankenwagen und Tabletten. Den Zusammenhang erahnte ich, auch wenn ich ihn aus Angst gar nicht wissen wollte. Nachdem sie aufgelegt hatte, kam sie in den Flur, wo ich wartete.

»Was ist los?«, fragte ich, obwohl ich die Antwort schon kannte.

»Ich soll es dir nicht sagen«, antwortete meine Mutter.

»Ich kann es mir aber denken«, erwiderte ich. »Anna wollte sich umbringen.«

Die ganze Nacht dachte ich an sie. Wie sie ihr im Krankenhaus den Magen auspumpten, sie auf der Intensivstation lag, mit Schläuchen, Kabeln und Monitoren. Den Raum musste eine unendliche Stille füllen, überlegte ich. Nur die Geräusche der Geräte brachen das vermeintlich Heile und erinnerten an das Leben.

Einige Tage später erfuhr ich, dass Anna in der Jugendpsychiatrie war. Das stellte ich mir furchtbar vor. Ich dachte dabei an Gummizellen und Fixierbetten, an Medikamentencocktails und menschliche Geister, die ihr Schicksal sichtbar machten. Eigentlich sollte sie wohl sechs Wochen dort bleiben, doch aus sechs Wochen wurde eine und so sah ich sie dann wieder in der Schule.

Sie hatte sich verändert. Sie war noch ruhiger als vorher, aber innerlich schien sie zu brodeln. Ihr Gesicht war aufgequollen und ihre Augenringe größer. Sie war eifrig, hatte keinen Blick mehr für andere, dafür aber für alle freiwilligen Referate und die Schulbibliothek. Ich wusste kaum, wie ich mit ihr umgehen sollte. Ich wollte sie auf nichts ansprechen, und andererseits wollte ich ihr mitteilen, wie wichtig sie für mich und auch für andere war. Aber ich bekam nichts über meine Lippen. Kein Wort. Und das machte mich wütend.

Je mehr Tage vergingen, desto ehrgeiziger wurde sie. Nahezu schon verbissen. Die Mitschüler tuschelten hinter vorgehaltenen Händen, doch Anna verstand jedes Wort. Sie wurde immer dünner und nur ein Apfel zu ihrem täglichen Begleiter. Diesen aß sie ganz vorsichtig und langsam, als würde er bei größeren Bissen zerbrechen. Auch den Strunk aß sie mit. Wahrscheinlich hatte dieser keine Kalorien. Von Magersucht hatte ich schon im Fernsehen gehört, aber die Problematik hatte ich dadurch nicht verinnerlicht. Es war ein Teufelskreis und auch ich würde ihn noch zu gut kennenlernen. So gut, dass ich ihn über Jahre nicht mehr loslassen wollen würde.

Dadurch, dass ich nicht so recht an Anna herankam, saß ich wieder allein auf dem Pausenhof. Im Sommer war das nicht so schlimm wie im Winter. Im Sommer konnte man sich hinter den Dornensträuchern verstecken und sich vorstellen, dass niemand einen sah. Ich hatte ganz oft das Gefühl, dass alle Blicke der Schüler auf mich gerichtet waren, dass sie über mich lästerten. Wahrscheinlich taten sie es auch. Aber jegliche Versuche, Kontakt zu anderen zu bekommen, schlugen fehl. Ich war wohl noch zu dick. Oder zu sehr ein Streber. Oder beides.

Anna ging es nicht gut, das spürte ich immer mehr. Oft stand ich wortlos vor ihr oder versuchte, sie untalentiert aufzuheitern. Ich hatte das Gefühl, ich würde gegen eine Wand reden. Eine Wand der Depression.

Kurze Zeit später fehlte sie wieder. Sie hatte versucht, sich aufzuhängen. Nun war sie wieder in der Psychiatrie. Für sechs Wochen. Manchmal durfte ich mit ihr telefonieren, auch wenn meine Mutter das nicht gut fand. Anscheinend hatte sie Angst, dass Depressionen wie irgendwelche Erkältungen übertragbar sind. Ich sollte Abstand zu Anna halten. Aber das tat ich nicht.

*

Wegen der Außenseiterrolle hatte ich auch etwas Angst vor der bevorstehenden Klassenfahrt. Eigentlich freute ich mich, weil meine Eltern mir nach langem Überreden die Unterschrift für den Teilnahmeschein gegeben hatten, aber die Angst vor dem Alleinsein war groß. Mit meinen Eltern konnte und würde ich darüber niemals reden können, und so blieb nur die fortwährende Einsamkeit.

Die Klassenfahrt wurde zum Glück trotzdem ganz schön, auch wenn ich oft das Gefühl hatte, dass die meisten meiner Mitschüler nichts mit mir zu tun haben wollten. Weit weg von meinen Eltern fühlte ich mich zum ersten Mal ein wenig frei. Auch wenn ich sie täglich drei- bis viermal anrufen musste.

Während ich auf der Klassenfahrt war, stellte sich heraus, dass einige die elfte Klasse überspringen konnten. Unbedingt wollte ich es versuchen. Meinen Eltern gefiel das natürlich. Leistungen zu erbringen kam in der Liste, was eine Tochter leisten musste, bei meiner Mutter gleich nach »Sagrotanieren« und Wasserflaschen kaufen, bis die Türme der Sixpacks bis zur Decke reichten. Mein Vater präferierte da wahrscheinlich eher »Liebe«, so wie er es doch immer zu nennen wusste.

Ich sah es als meine Chance der Befreiung von den Beschimpfungen meiner Mitschüler an und wollte es unbedingt versuchen. Allerdings entschieden meine Lehrer darüber, und ich hoffte, dass sie es mir ermöglichten. Wenige Wochen später erhielt ich das Ergebnis. Als Einzige durfte ich die elfte Klasse überspringen, meine alte Klasse hinter mir lassen und die Schule in zwei Jahren verlassen.

Am letzten Schultag teilte mein Klassenlehrer es meinen Mitschülern mit. Dass ich wieder als Streber beschimpft wurde, war mir schon vorher klar gewesen. Doch zum ersten Mal konnte ich darüber gefühllos hinwegsehen. Um meinem Image als Streber gerecht zu werden, lieh ich mir in der Schulbibliothek fünf dicke Bücher aus, um den Lernstoff der elften Klasse innerhalb der sechs Wochen Sommerferien nachzuholen.

*

Zwei Wochen später ging es wieder an die Nordsee. Mit meiner Mutter musste ich mir immer noch ein Bett teilen, was ich schrecklich fand. Aber die Alternative wäre gewesen, dass ich bei meinem Vater geblieben wäre. Und das war nicht wirklich eine Alternative. Meine Oma war auch wieder dabei. Mein Opa nicht, da er an der Ostsee in der Reha war. Dadurch, dass ich die meiste Zeit der Ferien lernte, konnte ich mich von sonstigen familiären Aktivitäten fernhalten. Allerdings bemerkte ich schnell, dass es zwischen meiner Oma und meiner Mutter immer mehr Streit gab. Irgendwie gefiel mir das, weil ich hoffte, dass sich meine Mutter so von meiner Oma lösen und endlich erwachsen werden würde. Doch stattdessen lag sie alle zwei Tage mit Migräne im Bett.

Meine Oma stellte fest, dass sie eine ganz harte Brust hatte. Deshalb mussten meine Mutter und ich ihr regelmäßig Wickel machen, wogegen ich mich innerlich sträubte. Aber ich tat es. Weil ich es musste. Diesen Geruch von essigsaurer Tonerde wurde ich nie wieder los, sodass mir immer, wenn ich ihn wahrnehme, schlecht wird. Mir war klar, dass meine Oma Brustkrebs hatte. Ihr selbst war es genauso bewusst, aber sie ging nicht zum Arzt. Stattdessen stritt sie lieber mit uns. Eine perfekte Familie waren wir. Nicht!

Während meine Oma mit ihren Wickeln herumlief und meine Mutter mit Migräne im Bett lag, war ich in Kurvendiskussionen, Phänotypen, Epigenetik und der Avogadro-Konstanten abgetaucht. Jeden Tag lernte ich fünf Stunden, manchmal auch nur vier. Nicht, weil mein Ehrgeiz so riesig war, sondern vielmehr, weil ich mich zwischen Algebra und den mendelschen Regeln frei fühlte. Ruhe. War der laute Kampf. Gegen leisen Lärm.

Mit der Zeit fühlte ich mich in der Gegenwart meiner Mutter und meiner Oma immer einsamer. Einsamkeit in Gegenwart der Gemeinschaft war schlimmer als Einsamkeit in der Einsamkeit. Dauernd hatte ich das Gefühl, dass ich Dankbarkeit zeigen musste, und Schuldgefühle, weil ich es nicht konnte und mich einsam fühlte. Ich zweifelte immer mehr daran, dankbar für eine Sagrotan-Migräne-Mutter und eine streitsüchtige, zeigefreudige, vollbusige Oma zu sein.

Den ganzen Tag über war ich so angespannt vor Ärger in mir. Aber unsere Familie war eine Familie der Problemverdrängung. Irgendwann stellte ich mir vor, dass ich einfach nur etwas Speichel hinunterschlucken musste und das Problem wäre erst einmal beseitigt. So habe ich es auch als Kind getan. Wenn die Vorstellung der Wahrheit widerspach, so war sie doch längere Zeit mein Stützpfeiler gewesen. Auch wenn irgendwann das Muster am Arm hinzukam. Und der Wunsch, eine Feder zu sein.

Für mich war es besonders schlimm, dass ich keinen einzigen Schritt ohne meine Mutter machen durfte. Ich war 15.

Aber das war egal. Ich wurde bewacht wie der teuerste und größte Schatz. Wenn ich nur so behandelt worden wäre. Wahrscheinlich hatten meine Oma und meine Mutter nur Angst, dass ich irgendetwas verraten würde. Aber dieser Gedanke kam mir damals nicht. Damals wünschte ich mir noch, dass die Welt perfekt wäre. Ich glaubte sogar daran. Ganz doll. Ganz fest. Ganz zwanghaft. Doch die Wahrheit kann niemand aufhalten.

*

Am ersten Schultag nach den viel zu langen Sommerferien lernte ich zum ersten Mal meine neue Klasse kennen. Erstaunlich schnell fand ich Anschluss. Das neue Kurssystem verstand ich allerdings gar nicht. Ich war einen festen Stundenplan gewohnt, und nun musste ich ihn mir selbst zusammenstellen. Politikwissenschaften, Englisch und Kunst wählte ich ab. Biologie und Chemie nahm ich als Leistungskurse. Bis jetzt bereue ich meine Wahl.

Ich war das einzige Mädchen zwischen 15 Jungs, das Chemie gewählt hatte. Einerseits war das gut, da ich die kleine Prinzessin des Kurses war und immer die Aufgaben aussuchen durfte, die wir bearbeiten mussten, andererseits war ich ein Beispiel dafür, dass Mädchen Chemie nicht wirklich gut können. Und das passte nicht zu meinem Perfektionismus. In Biologie fühlte ich mich wohl. Den Lehrer kannte ich bereits aus Physik und kam gut mit ihm aus. Die Themen gefielen mir und ich verstand relativ viel.

Schon ab dem ersten Schultag hatte ich ein gutes Gefühl in der neuen Klasse. Meine Mitschüler nahmen mich sehr lieb auf und endlich erlebte ich kein Mobbing. Ich fand auf Anhieb Freunde, die mich lange begleiteten und es teilweise immer noch tun. Ich fühlte mich zum ersten Mal angekommen, richtig am Platz. Dieses Gefühl hatte ich bisher noch nie erlebt und wahrscheinlich rettete es mir zu einem Teil das Leben.

Die Schule wurde so für mich zu meinem Zuhause. Ich verbrachte etliche Freistunden in der Mensa, las mich durch die ganze Schulbibliothek und genoss die Ruhe auf dem Schulhof, wenn die anderen Schüler noch Unterricht hatten. Stets blieb ich auch trotz Schulschluss noch länger dort. Weil ich nicht nach Hause wollte. Weil mein Zuhause nicht mein Zuhause war. Weil ich bei meiner Familie keinen Platz hatte. Nur wenn ich perfekt war. Wortleer und mundlos. Dann war ich willkommen. Aber wenn ich ich war. Dann war ich meinen Platz los. Den ich nie hatte.

Das spürte ich immer mehr und immer stärker. Der innere Druck wurde immer größer, immer gewaltiger, immer überschwemmender. Manchmal saß ich weinend auf der Schultoilette. Weil ich nicht mehr konnte. Und nicht mehr wollte. Ich konnte meine Gefühle kaum zuordnen. Weil ich immer noch an das Perfekte glaubte. An die Lüge meiner Familie.

*

Immer öfter hatte ich den Drang, mir wehzutun. Mir wurde innerlich sehr wehgetan. Irgendwie musste ich den Schmerz doch spüren können. Ich fühlte mich leer und traurig. Haltlos. Wortlos. Gefühllos.

Meine Mutter war andauernd im Streit mit ihrer Mutter. Mein Vater war lange arbeiten, Fußball spielen oder im Urlaub. Mein Opa zog sich aufgrund seiner Erkrankung immer mehr zurück. Und ich. Ich funktionierte. Immer. Perfekt. Und ich. War kraftlos. Immer. Und immer mehr.

Ich konnte inzwischen noch nicht einmal mehr weinen. Ich hatte gelernt, dass das nur noch mehr Schmerzen bringt. Ich musste funktionieren. Und wenn es mich mein Leben kostete. Meiner Familie war das egal. Lieber im Perfektionismus sterben, als mit Fehlern zu leben. Das war das ungeschriebene Gesetz. Das ich verurteilte.

Anfangs malte ich mir mit einem roten und braunen Fineliner schwache Striche auf mein Handgelenk. Doch das sah niemand. Weil mich niemand sah. Ich war aussichtslos durchsichtig.

Meine inneren Schmerzen flammten immer mehr auf. Ein loderndes Feuer. Und jeden Tag wurde es größer. So groß, dass ich nicht mehr leben wollte. Mir wehzutun überbrückte die Zeit bis zu meinem Freitod. Auch wenn mein Tod nicht frei sein würde.

*

Das erste Mal, als ich mich schnitt, fühlte sich befreiend an. Die kalten, weißen Wände der Schultoilette, die mit Herzen und zahlreichen Sprüchen ihre eigene Geschichte sprachen, gaben meinem inneren Schmerz einen Rahmen. Unpassend. Kalt. Fahl. Langsam, gar wie in Zeitlupe, suchte ich meine Klinge in meinem Rucksack. Als ich das winzige, silbern glänzende Ding in der Hand hielt, wurden meine

Augen auf einmal wässrig. Mein Blick war getrübt. Kaum spürbar lief mir eine Träne über meine Wange. Die letzte. Die allerletzte. Für lange Zeit.

Als ich meinen Ärmel hochzog, sah ich die mit Fineliner aufgemalten Striche auf meinem Arm. Keiner hatte sie gesehen. Keiner hatte sie wahrgenommen. Keiner wollte sie sehen. Keiner wollte sie wahrnehmen. Obwohl sie doch so perfekt aufgemalt waren. Vielleicht würde es sich ändern, wenn die Striche keine Striche mehr sind, sondern Wunden, überlegte ich. Kleine, schmale, unsichtbar blutende Wunden. Ich zitterte. Ich hatte Angst. Aber der Drang war da. Der innere Schmerz war stärker als jede Angst. Die Klinge war fest zwischen meinen Daumen und Zeigefinger gepresst. Als wären sie verbunden. Vereint. Zusammen. Für immer. Und ewig.

Dann zog ich die Klinge behutsam über die Innenseite meines linken Arms. Ein winziger Kratzer blieb zurück. Noch einmal setzte ich an, zog sie durch und drückte dabei fester zu. Der Kratzer war etwas größer und ein kleiner Blutstropfen quoll hervor. Fasziniert beobachtete ich den unscheinbaren Tropfen, wie er sanft über meine Haut glitt und auf den Boden fiel. Ich nahm es so wahr, als würde ein Stein auf einen dreckigen, gefliesten Boden fallen. Auch wenn es nur ein winziger, nicht hörbarer Tropfen war. So unwichtig. So unbedeutend. Wie ich es war.

Mehrere Male ritzte ich mich noch. Als es klingelte, ließ ich die Klinge schnell in meine Tasche gleiten und suchte ein Pflaster heraus. Das waren meine Wunden. Und die sollte niemand sehen. Es wollte sie ja auch niemand sehen. Mit meinem Geheimnis in der Tasche und am Handgelenk fühlte ich mich viel stärker als ohne. Und ich wusste, es würde nicht das letzte Mal sein, dass ich die Klinge in meiner Hand hielt und durch meine Haut zog. Kein Schmerz war zu spüren, nur große Erleichterung. Ich atmete noch einmal tief durch, dann öffnete ich die Toilettentür, setzte mein Lächeln auf und lief zu meinem Klassenraum. Perfekt. Wie immer.

Ich wusste schon damals, dass es nicht bei einem Mal bleiben würde. Dafür war viel zu viel Schmerz in mir. Und ich wusste auch, dass keine Narbe mich glücklich machen würde. Es war nur ein Kampf gegen die unerträglichen Schmerzen. Ein Kampf gegen den Tod. Warum ich leben wollte, wusste ich nicht. Eigentlich wollte ich gar nicht. Aber manchmal rettete ein »eigentlich« einem das Leben.

*

Bis zu den Herbstferien hatte ich mich gut in der neuen Klasse eingewöhnt, sodass ich gar keine Ferien haben wollte. Ich fühlte mich immer leerer, schminkte mich nicht mehr und war weiß wie eine Wand.

Am letzten Schultag in der letzten Stunde sprach mich mein Lehrer an, was mit mir sei, ob es mir nicht gut gehen würde. Ich begann zu weinen. Weil mich noch nie jemand ernsthaft gefragt hatte, wie es mir geht. Das war Neuland für mich. Unentdecktes, neues Land.

Ich begann zu erzählen. Von den Problemen meiner Familie. Dem Perfektionismus. Den Streitigkeiten zwischen meiner Mutter und meiner Oma, meiner Mutter und meinem Vater. Zwischen allen. Von meiner inneren Leere und der Traurigkeit.

Wortlos. War ich gegenüber der Vergangenheit und den Selbstverletzungen. Zu groß war die Angst, dass er meinen Eltern davon erzählen würde und ich in der Psychiatrie landen würde. Obwohl ich so einen Drang hatte, ihm alles zu erzählen, blieb ich stumm. Wie damals.

Wir sprachen eine Stunde. Und zum ersten Mal fühlte ich mich etwas erleichterter, auch wenn ich wusste, dass ich über das eigentliche Thema nicht geredet hatte. Damals war es für mich nicht präsent. Weil meine Familie doch perfekt war. Und ich es sein musste.

*

Die gesamten Herbstferien dachte ich an das Gespräch mit meinem Lehrer. Es gab mir viel Kraft. Auch wenn die Wunden an meinem Arm etwas anderes zeigten. Nachdem die zwei Wochen vergangen waren, durfte ich endlich wieder in die Schule. Die Ferien kamen mir wie eine Ewigkeit vor. Unerträglich.

Ich lernte viel und redete jede Woche mit meinem Lehrer. Er war in der Zeit meine einzige Vertrauensperson, der Einzige, der mich ermutigte und der mich wirklich erreichen konnte. Zwar hatte ich ganz liebe Freundinnen gefunden, aber ihnen gegenüber traute ich mich noch nicht, etwas von mir preiszugeben. Ich konnte noch nie gut vertrauen. Weil mein Urvertrauen missbraucht wurde. Wie ich.

So stand ich insgesamt etliche Stunden vor dem Lehrerzimmer, um auf meinen Lehrer zu warten. Ich war und bin ihm bis heute so dankbar, dass er mir damals geholfen hat. Zugehört hat. Und Mut gemacht hat. Weil er der Erste war, dem ich vertrauen konnte, der meine Eltern nicht in Schutz nahm und nichts beschönigte.

Die Streitereien mit meiner Mutter häuften sich, genauso wie die Wunden an meinem Arm. Immerhin durfte ich inzwischen, mit 15, allein zur Schule gehen. Darum hatte ich sehr lange und mit Tränen gekämpft. Mein Arm wurde zum Schlachtfeld. Des unausgegorenen Kampfes. Zwischen zwei ungleichen Kämpfern. Die Wunden wurden immer tiefer und die inneren Schmerzen immer stärker. Der Wunsch zu sterben war präsenter denn je, zumal Weihnachten vor der Tür stand.

*

Die Weihnachtsferien näherten sich und ich hatte Angst. Angst vor dem Fest der Perfektion. Des heiligen Scheins. Ein Fest der klugen Lügen und der dummen Wahrheit.

Zu Weihnachten musste ich mein selbst geschriebenes Gedicht vortragen, das wir im Deutschkurs schreiben sollten und das meine Familie nicht verstand. Es war voller Sehnsucht, Einsamkeit und Abschied. Dieses Gedicht war damals der Anfang von vielen folgenden und für mich eine Ermutigung zu schreiben. Wahrscheinlich war es auch eine treibende Kraft, meine Geschichte niederzuschreiben.

Eigentlich war ich glücklich darüber, dass meine Familie mein Gedicht nicht verstand. Sonst hätten sie nach 15 Jahren auch einmal mich verstanden. Das hätte nicht in unser Erscheinungsbild gepasst.

Eine Stunde saß ich am Esstisch und schaute zu, wie sich Sacher- und Marzipantorte reinstopft wurde, um den Durst der Wahrheit zu unterdrücken. Danach verschwand ich in meinem Zimmer und rief den Schulpsychologen an, dessen Nummer mir mein Lehrer gegeben hatte.

Ein paar Tage nach Weihnachten rief dieser mich zurück und empfiehl mir eine Beratungsstelle, bei der ich Anfang des neuen Jahres einen Termin hatte. Die Frau, die mit mir das Gespräch führte, mochte ich nicht besonders. Aber manchmal war »etwas« besser als nichts. Ich war immer verzweifelter, wollte weglaufen und hatte ununterbrochen Suizidgedanken. Doch ich erzählte nur von den Problemen mit meinen Eltern und dem Muster auf meinem Arm. Sie empfahl mir, mit ihnen zu reden, wovon ich nicht sonderlich begeistert war. Aber auch mein schlechtes Gewissen, dass ich meinen Eltern nichts von dem Schneiden erzählt hatte, nagte immer mehr an mir.

Schließlich erzählte ich davon. Meine Mutter fing an zu weinen. Doch die Tränen waren unecht. Sie galten nur dem schwindenden Perfektionismus. Mein Vater saß stumm auf seinem Sofa. Als ich berichtete, dass ich bei einer Beratungsstelle war, waren sie schockiert. Meine Mutter meinte, dass sie sich nie vorgestellt hätte, dass unsere Familie eine solche Hilfe braucht. Es war doch alles in Ordnung. Nur ich nicht.

Es war ein großer Fehler, meinen Eltern davon zu erzählen. Von da an nahm die Überwachung noch mehr zu. Zwar durfte ich weiterhin allein zur Schule gehen, aber es passierte nicht nur einmal, dass meine Mutter mir hinterherfuhr. Meine Arme wurden regelmäßig begutachtet und so konnte ich mich auch nicht mehr schneiden, da das Thema Psychiatrie schon im Stillen fiel. Ich hatte Angst vor dem

Stempel »Verrücktheit«, weil ich immer noch perfekt sein wollte. Und das kostete mich unendlich viel Kraft.

*

Noch immer sprach ich oft mit meinem Lehrer, dem ich mein Muster auf dem Arm anvertraute. Am Anfang hatte ich das Gefühl, dass er es nicht nachvollziehen konnte, warum ich es tat. Aber je mehr und je deutlicher ich es erklärte, desto mehr verstand er. Das wohl Wichtigste für mich war jedoch, dass er mich dafür nicht verurteilte, mir keinen Stempel aufdrückte und wie alle anderen Schüler behandelte.

Damit meine Eltern keinen Verdacht schöpften, wie es mir wirklich ging, tat ich immer mehr für die Schule. Das wurde belohnt. Mit einem Durchschnitt, der um das Doppelte besser war als der vorherige. Meine Eltern waren stolz. Auf meine Noten. Und ein anscheinend funktionierendes Kind. Der Perfektionismus war zurückgekehrt. Nach Monaten der Kontrolle und Unterdrückung war es mir nun wieder möglich, mich vom inneren Druck zu befreien. Ich konnte mich wieder schneiden.

Wenn ich duschte und meine Mutter, wie fast immer, hereinkam, so hatte ich mittlerweile eine Möglichkeit gefunden, meinen Arm zu verstecken. Ansonsten versuchte ich es mit dicken Armbändern und langärmeligen Oberteilen, obwohl ich bei Letzterem aufpassen musste, da meine Eltern schnell Verdacht schöpften, wenn ich im Hochsommer langärmelige Oberteile trug.

*

Kurz vor den Sommerferien stand eine Kursfahrt mit meinem Vertrauenslehrer an, an der ich zum Glück teilnehmen durfte. Auch hier hatte es mich wieder einige Überzeugungsarbeit gekostet, bis meine Eltern ihre Unterschrift unter den Teilnahmeschein setzten. Die Fahrt war für mich, fernab von ihnen, ein kleines Stückchen Freiheit. Zwar hatte ich auch dort den Drang, mich zu schneiden, aber mein Lehrer schöpfte keinen Verdacht und schickte mich somit auch nicht nach Hause. Er versorgte die Wunde am Schienbein, die ich mir extra dort zugefügt hatte, damit niemand darauf kam, dass es Selbstverletzung war. Erst einige Wochen später erzählte ich meinem Lehrer davon. Er war nicht sauer. Er war besorgt.

Am letzten Schultag vor den Sommerferien hatten wir noch einmal ein langes Gespräch, in dem ich ihm erzählte, dass ich am liebsten weglaufen würde. Weil ich es nicht aushielt. Nicht bei und nicht mit meinen Eltern. Ich sagte ihm, dass ich mit ihnen nicht mehr klarkäme, dass ich nur noch weinen würde und meine Kraft immer mehr nachließe. Er sagte damals zu mir: »Irgendetwas stimmt in deiner Familie nicht. Irgendetwas ist, wovon wir noch nichts wissen.« Erst jetzt wird mir bewusst, wie viel er damals schon verstand, obwohl ich ihm nichts dergleichen mitteilte. Er gab mir zudem den Anstoß, in eine betreute Wohngruppe zu gehen. Es würde mir wahrscheinlich guttun, Abstand zu meinen Eltern zu haben. Diese Idee fand ich innerlich gut, aber die Angst, die Perfektion meiner Familie zu zerstören, war nach wie vor zu groß. Noch.

*

In den Sommerferien war ich zum ersten Mal mit meinen Eltern, also auch mit meinem Vater, zusammen im Urlaub. Ohne Opa. Und nur eine Woche mit Oma. Zum ersten Mal durfte ich lange Radtouren machen. Allein. Ohne Aufsicht. Ohne Übersicht. Oder Durchsicht. Und zum ersten Mal fühlte ich mich ein Stückchen lebendig. Der Wind wehte mir durch meine langen Haare und einige Sorgen flogen weg. Bis der Rückenwind kam.

Der Rückenwind war stark. Und das Muster auf meinem Arm wurde immer größer und tiefer. Ich versuchte, meine frischen Wunden unter einem dicken Lederarmband zu verstecken. Zu vergessen. Aber im Salzwasser brannten sie wie lodernde Flammen immer wieder auf. Eingebrannt. Für immer.

Die langen Radtouren und meine täglichen Laufrunden lenkten mich ab. Tagsüber. Nachts saß ich vor meinem PC und schrieb mir meine Sorgen in Foren von der Seele. Ich nahm Kontakt zur Nummer gegen Kummer sowie zur Schweizer Telefonseelsorge auf, die einen Chat anboten. Bisher konnte ich nicht über meine Probleme reden, lieber schützte ich mich mit anderen Worten vor der Wahrheit.

Die Suizidgedanken wurden stärker und schienen manchmal unaufhaltsam zu sein. Aber ich war stark. Obwohl ich schwach sein wollte. Wenigstens einmal in meinem Leben. Wollte ich nicht funktionieren.

*

Nach dem Urlaub ging es mir einen Abend so schlecht, dass ich in einem Forum über Suizid schrieb. Als meine

Eltern am nächsten Morgen in mein Zimmer kamen, war ich ganz erschrocken. Mein Vater meinte, dass ich nun in die Psychiatrie müsse, da ich mich ja umbringen wolle. Ich fing zu weinen an, wechselte aber schnell wieder zum funktionierenden Kind und stritt alles ab. »Ich habe es doch in diesem Forum gelesen!«, sagte mein Vater. Ab da wusste ich, dass mein Vater ein Programm auf meinem PC installiert hatte, das alles, was ich tat, überwachte.

Nach einer mir ewig vorkommenden Diskussion einigten wir uns schließlich darauf, dass ich mich bei einer Beratungsstelle melden würde. Dann wäre die Angelegenheit geregelt und ich wieder funktionstüchtig. Doch statt in die Psychiatrie fuhren wir anschließend in einen Zoohandel und kauften zwei Mäuse. Für mich. Die beiden wurden zu meinen besten Freunden. Gern kniete ich vor dem Käfig und beobachtete sie. Wie sie zusammen kuschelten und in ihrem quietschenden Laufrad um die Wette liefen. Beide zusammen. Nebeneinander. Gegeneinander. Und doch miteinander. So einfach war das Leben. Mit Liebe.

*

Als mein letztes Schuljahr begann, war ich einerseits etwas traurig, weil ich wusste, wie schnell ein Jahr vorbei sein kann, anderseits war ich glücklich, dass ich wieder an einem Ort sein konnte, an dem ich mich zu Hause fühlte. Ich hatte wieder jemanden, der mir zuhörte und Mut machte. Und ich war von meinen Freundinnen umgeben. Immer häufiger übernachtete ich bei ihnen, besonders bei Emilie. Sie nahm mich oft in den Arm und hörte mir zu, wenn ich wieder von meinen Eltern weglief. Emilies hingegen waren sehr lieb zu mir und unterstützten mich in der Zeit so sehr, dass ich es manchmal kaum glauben konnte. Ich erfuhr zum ersten Mal, wie schön eine Familie doch sein kann. So hatte ich es bisher nie kennengelernt.

Emilie war die erste meiner Freundinnen, die von dem Muster auf meinem Arm erfuhr. Einmal fuhr sie mit mir zu ihrer Mama, die Ärztin in einem Krankenhaus war, um meine Wunde versorgen zu lassen. Zu einem fremden Arzt hatte ich mich bisher nicht getraut. Zu groß war die Angst in mir, als psychisch krank abgestempelt zu werden. Auch wenn ich wusste, dass ich nicht ewig zu Emilies Mama gehen konnte. Bei den vielen Wunden, die täglich dazukamen, hätte ich jeden Tag kommen müssen. Und das wollte ich nicht. Obwohl sie es zugelassen hätte.

In der Schule fühlte ich mich nach wie vor am wohlsten. Dort erfuhr ich Unterstützung und Freundschaft. Ich merkte immer mehr, wie viel das bedeutete und wie viel schöner es das Leben machte. Auch mein Vertrauenslehrer versorgte ab und an mein Muster, wenn ich mein Verbandsmaterial vergessen oder aufgebraucht hatte. Einmal war eine Wunde so tief, dass er richtig erschrocken war. Seine Kollegin kam einige Minuten später überraschend in den Raum und starrte auf den Arm. Dann kam sie auf mich zu und streichelte über meine Schulter. Ohne ein Wort zu sagen. Das reichte vollkommen aus. Um zu wissen, dass ich dafür nicht verurteilt wurde. Ich fühlte mich ein wenig angekommen, als ob ich einen kleinen Platz gefunden hatte. Das gab mir Kraft.

Meine Mutter und ich stritten uns immer mehr. Sie warf Tassen und Teller auf den Küchenboden. Oder ging mit den Worten »Du bist an allem schuld« weinend ins Schlaf-zimmer. Und blieb dort. So verschwand auch ich immer häufiger abends in der Dunkelheit. Ich spazierte stunden-lang durch die Stadt und schaute in die hell beleuchteten Fenster der Altbauwohnungen. Wie gern hätte ich irgendwo geklingelt und gefragt, ob mich jemand aufnehmen würde. Aber ich kannte den Schein gut genug, um zu wissen, dass es kein Sein war.

An einem Abend kaufte ich mir spontan eine Zigaretten-schachtel. Obwohl ich mit 16 noch keine hätte bekommen dürfen. Mühsam versuchte ich, sie mir auf einer Bank an meinem ehemaligen Kinderspielplatz anzuzünden. Nach den ersten Zügen ging sie sofort wieder aus, doch Nikotin hatte ich genug aufnehmen können. Mir wurde auch nicht übel. Ich hustete noch nicht einmal. Als hätte ich schon mein Leben lang geraucht. Warum genau ich mit dem Rau-chen anfing, wusste ich selbst nicht. Ein halbes Jahr lang verheimlichte ich es vor allen.

Mit der Zeit wurde ich immer besser beim Anzünden der Zigarette. Ich wusste, wo ich welche kaufen konnte und wo nicht. Wo ich sie vor meinen Eltern verstecken muss-te und wann ich lieber auf dem Schulweg rauchte. Doch kurze Zeit später erwischte mich mein Lehrer. Er sprach mich vor dem gesamten Kurs darauf an. Ich leugnete es. Es war mir unangenehm. Nach der Stunde ging ich zu ihm und gab zu, dass ich rauchen würde, worauf er mir einen Vortrag hielt, wie schlecht das Rauchen sei. Ich verstand, dass er das nicht böse meinte und mir lediglich eine Hilfe-stellung geben wollte, aber bis jetzt hatte es nicht wirklich geholfen. Das Rauchen konnte ich nicht lassen. Es gab mir irgendwie Entspannung und ich war wieder ein Stück weniger perfekt.

Irgendwann bemerkten es auch meine Eltern. Mein Vater hatte selbst fast 30 Jahre geraucht. Merkwürdigerweise bekam ich keine Standpauke gehalten und meine Mutter weinte auch nicht wieder los. Es wurde halbwegs akzeptiert. Und so wurde aus zwei Zigaretten eine Schachtel. Aus zwei Wunden am Tag wurden zehn.

*

Als eine Wunde so tief war, dass sie lange blutete, nahm ich all meinen Mut zusammen und ging zu einem fremden Arzt. Mein Lehrer hatte mir einen Internisten empfohlen, der mich jedoch an eine chirurgische Praxis verwies. Dort traf ich auf einen jungen Assistenzarzt. Thomas. Er begegnete mir ganz freundlich und unvoreingenommen. Ich dachte, als jemand, der sich selbst verletzt, unfreundlich behandelt zu werden.

Aber er tat das nicht. Er schaute sich meine Wunde an und fragte, warum ich das machen würde. Ich antwortete ehrlich, dass es mir schlecht gehe und ich mit meinen Eltern Probleme hätte. Daraufhin bot er mir seine Hilfe an, dass er sich auch weiterhin um die Wunden kümmern würde und wir noch etwas reden könnten. Sofort duzten wir uns und ich fühlte mich von ihm irgendwie verstanden.

Zwei Tage später ging ich wieder in die Praxis. Dieses Mal war der Schnitt so tief, dass er genäht werden musste. Meine erste genähte Wunde. Ich war stolz und Thomas besorgt. Auf irgendeine Art und Weise genoss ich diese Sorge. Weil ich das Gefühl hatte, dass jemand wollte, dass es mir gut ging. Ich vertraute ihm immer mehr an.

Einen Tag vor Weihnachten ging ich nochmals in die Praxis, weil ich Redebedarf hatte. In der Zeit vor Weihnachten baute sich bei mir stets ein großer Druck auf, dass mein Arm dafür kaum herhalten konnte.

Kurz nach den Feiertagen war ich wieder in der Praxis. Es wurde akzeptiert und ich wurde immer lieb und gut behandelt. So kam ich irgendwann fast täglich und sprach oft stundenlang mit Thomas. Meinem Lehrer konnte ich weiterhin E-Mails schreiben. Die Gespräche führten wir noch immer, auch wenn es weniger wurden.

Nun stand auch das Abitur an und der Stress nahm zu. Ich musste viel lernen, konnte mich aber aufgrund der Probleme mit meinen Eltern kaum darauf konzentrieren. Ich schrieb eifrig an meiner schriftlichen Abiturarbeit und wuchs immer mehr über mich hinaus. Ohne Probleme konnte ich mittlerweile Telefongespräche führen. Ich stotterte dabei nicht mehr und wurde damit ein Stückchen selbstsicherer.

Mir wurde immer deutlicher, dass ich es zu Hause bei meinen Eltern nicht mehr aushielt. Es wurde mit jedem Tag unerträglicher, sodass ich mich häufiger schnitt und fast nur noch bei Freunden übernachtete. Mein Lehrer riet mir, beim Jugendamt ein paar Möglichkeiten nach betreuten Wohngruppen zu erfragen. So nahm ich all meinen Mut zusammen und betrat das unfreundliche Gebäude. Die Sozialarbeiterin, die für mich zuständig war, nahm mich nicht richtig ernst. Ein wenig Selbstverletzung sei noch kein Grund, um mit 16 von zu Hause auszuziehen. Schließlich ginge es vielen noch schlimmer. Ich verließ das Gebäude wieder. Mit Hoffnungslosigkeit. Ich würde niemals frei sein.

Irgendwann erzählte ich meinen Eltern, dass ich ausziehen wollte und bereits beim Jugendamt war. Die Begeisterung war nicht groß. Und die Streitereien noch gewaltiger als vorher. Meine Mutter fühlte sich verlassen und hintergangen. Mein Vater fühlte nichts. Erstaunlicherweise erzählte meine Mutter ihrer Mutter nichts von meinen Vorstellungen. Sie sagte, es sei peinlich, dass ich mit 16 schon ausziehen wolle. Wie würden darüber nur die anderen denken? Die anderen waren immer wichtiger.

*

Nach etlichen Diskussionen, Streitereien und Auseinandersetzungen einigten wir uns schließlich darauf, dass meine Eltern eine Wohnung für mich anmieteten und ich einen Einzelfallhelfer vom Jugendamt bekäme. Begeistert war ich davon nicht. Aber ich hielt es zu Hause einfach nicht mehr aus. Und wer weiß, vielleicht würde der Einzelfallhelfer mich auch unterstützen können.

Nach einem Monat konnte ich endlich ausziehen. Endlich Freiheit. Auch wenn die Wohnung direkt gegenüber der meiner Eltern lag. Trotzdem hatte ich das Gefühl, als Tochter völlig versagt zu haben. Meine Mutter sprach kaum noch ein Wort mit mir und wenn, dann nur im Streit. Es war kaum auszuhalten.

Ich wusste, dass ich mich nicht mehr oft schneiden konnte. Ich hatte Angst, dass ich dann nicht ausziehen durfte. Stattdessen wollte ich perfekt sein. Auch mein Körper sollte perfekt sein. Also nahm ich ab. Während ich anfangs immer weniger aß, beschloss ich irgendwann, mir den Finger in den Hals zu stecken.

*

Das Knarren des Dielenbodens ließ mich aufschrecken. Vorsichtig drehte ich mich nach links, nach rechts und nach hinten. Aber niemand war da. Wie gewohnt. Die Badezimmertür quietschte lautlos, als ich sie öffnete und wieder schloss. Der gelbliche Badezimmerboden war mit einem blauen Badteppich bedeckt. Vorgetäuschte Wärme.

Hastig suchte ich meine Zahnbürste im Schrank. Dann öffnete ich den Toilettendeckel und kniete mich geräuschlos auf den hässlichen Badezimmerboden. Langsam steckte ich mir die Zahnbürste in den Hals. Nach aufsteigender Übelkeit kam dann all das raus, was ich in mir angefressen hatte. Es war ähnlich wie das Gefühl, das ich stets hatte, wenn ich mich schnitt. Der aufgestaute Druck landete in der Toilette und wurde heruntergespült, als hätte es ihn nie gegeben. Draußen, drinnen, weggespült. Vergessen.

Ich fühlte mich so dick und gleichzeitig hatte ich so einen Appetit. Auf Schokolade, auf Joghurt, auf Brot. Essen ohne Ende. Ohne Grenzen. Ohne Halt. Alles in mich hineinzustopfen und alles wieder loszuwerden. Einfacher gesagt, als getan. Aber ich durfte jetzt nichts mehr essen, Mama würde gleich nach Hause kommen.

Ich spülte alles in die Tiefe, reinigte die Toilette und sprühte noch ein wenig Parfum in den Raum. Anschließend wusch ich mir mein Gesicht, spülte meinen Mund aus und putzte meine Zähne. Ich sprühte mir noch etwas Parfum auf die Kleidung und in die Haare und verließ das Badezimmer, um mich an meinen Schreibtisch zu setzen und für das Abitur zu lernen.

Eine halbe Stunde später kam meine Mutter. Schon als sie die Haustür aufschloss, bemerkte ich ihre schlechte Laune. Statt mich zu begrüßen, rief sie gereizt, dass ich ihr helfen solle. Als ich den Flur betrat, sah ich zwei Sechserpackungen Wasserflaschen, eine Sagrotan-Flasche und eine Tüte mit Brot vor mir stehen. Die zwei Sixpacks stellte ich in der Küche auf die acht anderen und die Sagrotan-Flasche wurde zwischen die sieben weiteren eingereiht. Falls die Welt morgen untergehen würde, hatten wir wenigstens 90 Liter stilles Wasser und acht Sagrotan-Flaschen. Das Überleben war gesichert, meine Mutter beruhigt und der Tag aufgrund Letzterem für mich gerettet.

Natürlich ging sie sofort ins Badezimmer, um zu überprüfen, ob ich mich wieder übergeben hatte. Als ich bereits in meinem Zimmer saß, rief sie mich erneut. »Schau dir das mal an! Wenn du dich schon übergeben musst, dann kannst du die Toilette wenigstens richtig reinigen und lüften!« Ich nickte. Sie fügte genervt ein »Bald hast du endlich deine eigene Wohnung zum Erbrechen!« hinzu.

Dann holte sie eine Sagrotan-Flasche aus dem Badezimmerschrank, wo sich ein neues Depot für Reinigungsfläschchen, das ich noch nicht entdeckt hatte, befand, und reinigte die Toilette abermals. Leer stand ich daneben und wünschte mir, dass sie mir meine Leere nehmen würde. Doch durch sie wurde diese noch viel größer in mir. Alles wurde desinfiziert. Alles Lebendige starb in einer großen

Wolke Sagrotan. So auch jegliche Gefühle. – Ich wünschte mir doch nur Liebe.

Immer häufiger übergab ich mich. Immer weniger Lebensmittel durften in mir bleiben. Immer mehr nahm ich ab. Immer leichter wurde ich. Innerlich. Federleicht. Ein Zustand des absoluten Rausches. Glückseligkeit. Perfektheit. Ich wurde zu einem Bild meiner Familie.

Am Tag vor meinem Auszug schrieb ich meine letzte Mathematikarbeit. Meine Konzentration war vollkommen erloschen. Viel zu sehr war ich mit dem Auszug beschäftigt, viel zu sehr mit den damit verbundenen Gefühlen. Ich wog nur noch 57 Kilogramm. Untergewicht. Aber mir noch nicht leicht genug. Schon wenn ich aufstand, hatte ich das Gefühl, ohnmächtig zu werden. Ich fragte mich die ganze Zeit, wie ich schwere Kartons tragen sollte, wenn ich mich selbst kaum auf den Beinen halten konnte.

Ich musste mich zwar immer weniger erbrechen, aber dafür aß ich auch nichts. Ich ernährte mich nur noch von ungesüßtem Tee, Wasser mit einigen Spritzern Zitrone und dem Viertel eines Apfels. Manchmal, wenn der Hunger ganz groß war, fror ich ein halbes Gummibärchen in einem Eiswürfel ein und lutschte diesen dann. Das Gummibärchen ließ ich aber meistens liegen. Als ich wegen des Viertels des Apfels und des halben Gummibärchens immer mehr ein schlechtes Gewissen bekam, aß ich Watte. Ich hatte gelesen, dass Watte den Magen stopfen sollte. Alles war besser als irgendwelche Kalorien. Kalorien waren gefährlich. Sie waren das Gegenteil des Perfektionismus.

Die Matheklausur lief nicht besonders gut, und ich war froh, als sie vorbei war. Ich fuhr mit meinem Fahrrad das letzte Mal zu der Wohnung meiner Eltern und wartete dort auf meine Freundinnen. Sechs von ihnen halfen mir bei meinem Auszug. Meine Mutter hatte schon vor einigen Tagen gesagt, dass mir garantiert keiner helfen würde. Ich sah und wusste es anders. Und ich hatte recht. Und meine Mutter Wut.

*

Behutsam packte ich meine wenigen Erinnerungen in hässliche Pappkartons. Morgen würde ich meine eigene Wohnung haben. Direkt gegenüber von der Wohnung meiner Eltern und meiner Vergangenheit. Der Gedanke gefiel mir nicht. Aber andererseits war alles besser, als bei meinen Eltern zu wohnen.

Nacheinander wurden Bücher, Kuscheltiere, Kleidung und Fotos in den wenigen Kisten verstaut. Meine Tränen wanderten in jeden einzelnen Karton mit. Am Abend standen alle Kisten im Flur. Das Einzige, was sich nun noch in meinem Zimmer befand, war meine Matratze. Meinen Kleiderschrank durfte ich nicht mitnehmen. Er würde mir ja nicht gehören und sowieso viel besser zu der Einrichtung meiner Eltern passen. Letztendlich war mir das aber alles gleichgültig. Hauptsache, ich war hier endlich weg. Und wenn es nur einen Meter wäre. Und eine geschlossene Tür zwischen uns.

Ich weinte nicht. Aber es war ein merkwürdiges Gefühl. Zweifel wollte ich nicht zulassen, auch wenn ich welche hatte. Zum Abschied bekam ich von meiner Mutter noch ein Buch geschenkt, das eine Anleitung für das Treffen richtiger Entscheidungen war. Unglaublich. Unpassend.

Die Wochen zuvor hatte ich mich ins Untergewicht hinuntergehungert. Abnehmen war zu meinem Lebensinhalt geworden. Für mich war Hungern besser, als sich selbst zu schneiden. Hungern hinterließ keine Spuren. Im Gegenteil. Irgendwann würde ich endlich so dünn sein, dass ich nicht mehr sichtbar wäre; das wünschte ich mir. Sehr.

Das Tragen der Möbel und Kisten fiel mir schwer. Meine Habseligkeiten schienen so mit meinem alten Kinderzimmer verbunden zu sein, dass sie doppelt so schwer wirkten, als sie waren. Doch eigentlich lag es daran, dass ich keine Kraft mehr hatte. Für mich war es an diesem Tag eine Höchstleistung, einen ein Kilo schweren Tisch ungefähr 100 Meter zu tragen. Ohne meine Freundinnen hätte ich nicht drei Stunden gebraucht, sondern drei Tage. Meine Eltern rührten keinen Finger. Wenn ich schon ausziehen wolle, dann solle ich meine Sachen auch allein hinübertragen, ließ meine Mutter schon zwei Wochen vor dem Umzug verlauten. Ich ließ sie reden. Und wollte es vergessen. Aber das gelang nicht.

Am Ende, nachdem alles geschafft war, standen wir zusammen auf dem Balkon meiner neuen Wohnung und ich öffnete die erste Sektflasche in meinem Leben. Der Korken knallte auf das Auto, das vor meinem Balkon stand. Es fing gut an. Danach gab es eine leckere Torte, die eine Freundin extra für den Tag backte. Ich hatte solch einen Appetit und andererseits solch eine Scheu, vor anderen zu essen. Ich hatte Angst, mehr als zwei Happen hinunterzuschlingen. Und doch überwog am Ende der Drang zu essen. Ich war schwach. Und dass aus zwei Happen zwei Stücke wurden, machte das Ganze nicht gerade besser.

Nachdem alle meine Freundinnen gegangen waren, baute ich zusammen mit meinem Vater das Bett und den Schrank auf. Danach tauchte ich unter. Die Bettdecke. Und weinte. Weil ich zwei Stückchen Torte gegessen hatte.

*

Schnell lebte ich mich in meiner Wohnung ein. Die ersten Wochen hatte ich keinen Kühlschrank. Aber den hätte ich auch nur wegen der Eiswürfel gebraucht. Ich aß nichts mehr, trank nur noch zwei Liter Wasser, Tee und Kaffee. Obwohl ich den Kaffeekonsum einschränken musste. Kaffee hatte vier Kalorien pro Tasse.

Ich wurde immer schwächer. Thomas, der mich noch immer begleitete, bekam das mit. Mehrfach gab er mir Infusionen, weil ich kaum noch stehen konnte. Ich wusste, dass ich Nährstoffe brauchte, aber meine Angst vor Kalorien war so groß, dass ich ihn bestimmt zehnmal fragte, ob in den Infusionen auch welche waren. Er verneinte es. Ich wusste, dass er log.

Auch mein Lehrer machte sich Sorgen und versuchte, mich davon zu überzeugen, dass ein Apfel nur ganz wenige Kalorien hatte und ich wenigstens den essen sollte. Aber es brachte nichts. Weil ich mich nicht traute. Weil ich perfekt sein wollte.

Kurze Zeit später hatte ich meine erste Abiturprüfung. Ich sollte meine bereits geschriebene Abiturarbeit vorstellen. Referate waren für mich schon immer schwierig. Vor anderen zu reden, war für mich ein großes Problem. Weil ich immer rot wurde, stotterte und manchmal sogar den

Raum verlassen musste. Ich hatte Angst, dass die anderen über mich reden würden. So wie früher.

Bei dieser Prüfung waren zum Glück nur zwei Lehrer dabei, aber ich war trotzdem unglaublich aufgeregt. Inzwischen wussten meine Mitschüler auch, dass ich rauche. Es wurde akzeptiert. So konnte ich an dem Tag der ersten Prüfung auch fünf Zigaretten hintereinander vor der Schule rauchen. Es beruhigte mich aber nicht. Die Prüfung dauerte eine Stunde, und ich war so froh, als sie vorbei war. Sie lief gut. Sehr gut. Obwohl ich mehrmals fast ohnmächtig geworden wäre. Weil meine Beine mich kaum gehalten hatten. Weil ich nichts aß. Weil ich federleicht sein wollte.

Hosen in Größe 36 waren mir zu groß. Vorher trug ich Größe 40. An meinem Rücken traten bereits die Rippen hervor und ich bekam einen leichten Flaum. Durch diesen fühlte ich mich beschützt. Die Haare fielen mir aus. Und die Haut wurde extrem trocken. Ich cremte mich nicht mehr ein, weil auf jeder Cremedose stand, dass dort Fett enthalten ist. Ich hatte Angst, dass sich dieses Fett an meinem Körper anlagert. Und dass ich dann mehr wiegen würde.

Ich wog nun 55 Kilogramm. Mein tiefstes Gewicht. Inzwischen nahm ich auch Abführmittel. Weil diese Wassereinlagerungen vermieden. Jede Nacht saß ich auf der Toilette. Dreimal pro Nacht. Mit starken Bauchkrämpfen. Meine Beine wurden, sobald ich saß, taub. Sie wurden nicht mehr richtig durchblutet und nachts hatte ich starke Muskelkrämpfe. Ich zitterte nur noch. Weil es so kalt war. Dabei war es draußen schon Sommer. Nachdem mich einige darauf angesprochen hatten, dass ich ungesund aussehen würde, versteckte ich meinen Körper unter weiter Kleidung.

Ich trug immer drei Lagen übereinander. Auch bei 25 Grad. Ich schwitzte nicht mehr. Mir war nur noch kalt.

Dank der Essstörung hatte ich weniger den Drang, mich zu schneiden. Dafür wurde mein Konsum der Abführmittel immer schlimmer. Angefangen hatte ich mit einer Tablette. Irgendwann musste ich jedoch eine Packung nehmen. Nach einer Weile wirkten nur noch 40 Tabletten, zwei Packungen. Dafür wurden allerdings auch die Bauchkrämpfe nachts immer schlimmer.

In einer Nacht dachte ich, dass ich sterben müsste. Die Schmerzen waren so unerträglich. Doch Schmerzmittel konnte ich nicht nehmen. Entweder wären sie oben oder unten gleich wieder herausgekommen. Aber ich hielt es durch. Wie, das wusste ich selbst nicht.

Irgendwann wurde der Druck, mich zu schneiden, wieder größer. Also tat ich es erneut. Und die Kalorien waren erst einmal vergessen. Ich nahm wieder zu. Erst ein Kilo, dann zwei. Bis ich wieder ein Gewicht von 68 Kilogramm hatte. Normalgewicht. Und etliche Wunden mehr. Eine Wunde blieb einen Monat lang offen. Sie wollte nicht zuwachsen. Und entzündete sich immer mehr.

In dieser Zeit, zwischen Essstörung und Selbstverletzung, lernte ich meinen Einzelfallhelfer kennen. Als wir uns das erste Mal trafen, war ich unglaublich aufgeregt. Ich hatte Angst, dass er auf der Seite meiner Eltern stand und dass ich vielleicht nicht mehr lange allein wohnen durfte. Aber zum Glück kam es anders. Er hatte ein sehr souveränes Auftreten, wenngleich er oft nervös hustete. In unserem ersten Gespräch zeigte er mir den Hilfeplan, aus dem für mich hervorging, dass er mich im Auftrag meiner Eltern überwachen sollte. Meine Wohnung sollte mehrmals die Woche kontrolliert werden. Und er sollte sich außerdem regelmäßig meine Arme ansehen.

Dieser Hilfeplan machte mich sehr wütend. Mein Einzelfallbetreuer meinte dazu nur, dass er nicht der verlängerte Arm meiner Eltern sein wird und wir ihn deshalb noch einmal gemeinsam verändern. Letztendlich hatten wir uns darauf geeinigt, uns zweimal in der Woche und nach Bedarf zu treffen. Dadurch, dass ich meinen Lehrer und Thomas länger kannte als ihn, hatte ich noch kein großes Vertrauen, sprach mit ihm aber trotzdem über das Schneiden und die Essstörung. Auch wenn es nur Bruchstücke meines Inneren waren.

*

Die weiteren Abiturprüfungen waren für mich trotz dieser Umstände zwar anstrengend, aber ich wusste, dass ich bestanden hatte. Auch wenn lediglich ein mittlerer Durchschnitt herauskam.

Nach dem Abitur fuhr ich mit drei Freundinnen gemeinsam nach Prag. Dort verbrachten wir fünf Tage. Ich vermisste in der Zeit die Gespräche mit Thomas und meinem Lehrer. Thomas rief ich deshalb mehrmals an. Damit ich mich sicherer fühlte. Der Drang, mich zu schneiden oder zu erbrechen, war zum Glück kaum da, und wenn, dann konnte ich ihn unterdrücken.

Kurz nach unserer kleinen Fahrt rückte der Termin der Abiturzeugnisverleihung näher, die ich gestalten und leiten durfte. Ich hatte mir dafür extra ein hübsches Kleid gekauft und 15 Zentimeter hohe Schuhe. Früher hätte ich mich niemals getraut, drei Stunden lang eine Veranstaltung zu moderieren. Aber ich wollte die letzte Chance wahrnehmen und mir beweisen, dass ich es kann. Und ich schaffte es. Vor über 100 Menschen. Danach konnte ich in meinen Schuhen zwar weder gehen, noch stehen, noch sitzen. Doch ich war glücklich. Und das zählte. Anschließend luden meine Eltern mich in mein Lieblingsrestaurant ein und wir stießen zusammen an. Zum ersten Mal hatte ich meine Narben auch öffentlich gezeigt. Zwar unter Camouflage, weil meine Mutter es so wollte. Immerhin. Ein erster Schritt. Um zu mir zu stehen.

Etwas enttäuscht war ich wegen meines Zeugnisses zwar schon. Aber die Hauptsache war, dass ich keinen Dreierdurchschnitt und bestanden hatte.

Zwei Tage nach der Abiturzeugnisverleihung war der Abiball. Wir feierten in einem teuren Hotel, in einem großen, schön geschmückten Saal. Meine Eltern kamen mit, auch wenn sie nicht besonders viel Anschluss fanden. Die Eltern meiner Freundinnen wussten von unseren Problemen und distanzierten sich so folglich von meiner Mutter und meinem Vater. Sie spürten es sofort. Aber es tat mir nicht leid.

Ich hatte ein wunderschönes schwarzes Kleid an, das mir bis zu den Knien reichte und auch diesmal wieder meinen Arm nicht versteckte. Ich hatte an dem Tag zwar meine Narben überschminkt, aber ich fühlte mich trotzdem schön. Zum ersten Mal. Seit langer Zeit. War ich in meinen Augen hübsch. Zum ersten Mal …

7

STENGEL

EIN LANGER SOMMER MIT SONNENCREME UND FAHRRADTOUREN BEGANN. ICH FUHR NICHT MIT MEINEN ELTERN ZUSAMMEN IN DEN URLAUB UND BLIEB ALLEIN ZU HAUSE. DADURCH, DASS SIE GEMEINSAM WEIT, WEIT WEG WAREN, FÜHLTE ICH MICH FREIER.

Ein langer Sommer mit Sonnencreme und Fahrradtouren begann. Ich fuhr nicht mit meinen Eltern zusammen in den Urlaub und blieb allein zu Hause. Dadurch, dass sie gemeinsam weit, weit weg waren, fühlte ich mich freier. Ich hatte nicht das Gefühl, dauernd überwacht zu werden. Manchmal hatte mein Vater sogar nachts angerufen, wenn ich kurz das Licht angemacht hatte. Das sah er aus dem Wohnzimmer. Endlich durfte ich auch Jungs in meine Wohnung einladen. Das hatten mir meine Eltern vorher verboten. Mein Vater wollte mich wahrscheinlich immer noch für sich haben. Mit meiner Mutter konnte er nichts machen. Sie ging stets um acht Uhr abends ins Bett, immer wenn mein Vater gerade nach Hause kam. Gefühlt jeden zweiten Tag hatte sie Migräne und die Sagrotan-Sucht konnte auch er nicht ertragen.

Kurz bevor sie in den Urlaub gefahren waren, hatte ich mit meinem Vater einen Fernsehabend in seinem Wohnzimmer gehabt. Mit allem, was mir meine Mutter gewöhnlich immer verboten hatte. Chips. Schokolade. Marshmallows. Er nahm mich sogar kurz in den Arm und meinte, dass es von solchen Momenten viel zu wenige gab und dass er es vermisst hätte. Ich nickte nur. Weil ich wortlos war.

Als meine Eltern im Urlaub waren, machte ich viele Radtouren. Ich entdeckte kleine Cafés und schöne Plätze, die mir Ruhe und Kraft schenkten. Gleichzeitig hatte ich mich für einige Studiengänge an den Universitäten beworben. Für Jura, Mathe und Physik auf Lehramt und für Geisteswissenschaften. Letztendlich bekam ich nur für Medizin eine Absage, sodass ich mich dann zwischen dem Lehramtsstudium und Geisteswissenschaften entscheiden musste.

In der Zeit, als meine Eltern nicht da waren, lud ich auch einen ehemaligen Schulkameraden zu mir nach Hause ein. Wir waren zusammen vier Jahre zur Grundschule gegangen und waren damals auch ein Paar. Die erste Kinderliebe. Nach sieben Jahren sahen wir uns nun zum ersten Mal wieder. Vorher hatten wir nur ab und an über das Internet Kontakt.

Es war eine merkwürdige Situation, ihn wiederzusehen. Wir redeten sehr viel, kochten und saßen anschließend vor dem Fernseher. Irgendwann fragte er dann, ob ich Lust hätte. Um gelassen zu wirken, sagte ich Ja. Als er fragte, ob ich schon einmal Sex gehabt hätte, bejahte ich dies ebenfalls. Obwohl ich mit einem Jungen noch nie Sex hatte. Ich hatte Angst. Er machte es zwar ganz vorsichtig, dennoch schmerzte es sehr. Kein Orgasmus. Keine Lust. Ich war froh, als es vorbei war.

Am nächsten Morgen, nach einem ausgedehnten Frühstück, fuhr er wieder nach Hause. Es war eine merkwürdige Situation. Wir kannten uns, seit wir sechs Jahre alt waren. Und dass aus einer Kinderliebe Sex geworden war, nahm dem Ganzen nicht wirklich seine Merkwürdigkeit.

*

Mit meinem Lehrer hatte ich noch hin und wieder per E-Mail Kontakt. Es wurde immer weniger. Auch wenn es mir schon vorher bewusst war, war ich trotzdem ein wenig traurig darüber. Zu Thomas fuhr ich hingegen noch regelmäßig, genauso traf ich mich auch mit meinem Einzelfallhelfer ein- bis zweimal in der Woche.

Langsam, bedächtig wurde der Druck in mir wieder größer. Eine Zeit lang hatte ich es ohne die Selbstverletzung und ohne die Essstörung ausgehalten. Doch ich merkte, dass immer noch etwas in mir war, was nicht zu unterdrücken war. Ich konnte es nicht genau benennen. Ich wusste nur, dass es unmöglich war, es aufzuhalten.

Vermehrt nahm ich nun wieder Abführmittel ein. Ich fühlte mich zu dick. Zu hässlich. Zu ungeliebt. Letzteres stimmte sogar. Die Abführmittel gaben mir schon nach dem ersten Mal eine schöne Leichtigkeit. Ich hatte das Gefühl, dass ich damit sauber war. Gereinigt. Von den Problemen. Von meiner Vergangenheit, auch wenn mir dies damals noch nicht bewusst war. Zu sehr und zu stark glaubte und hoffte ich an das Gute. Die Lüge. Meiner Familie.

Täglich brauchte ich eine neue Packung Abführmittel. Mit der Zeit fiel es allerdings den Apothekerinnen auf, weil ich sie täglich kaufte, und so musste ich jeden Tag eine neue Apotheke aufsuchen. Mit der Zeit kannte ich die Preisunterschiede genau. Es gab mir stets ein gutes Gefühl, wenn ich mir eine Packung gekauft hatte und sie abends komplett einnahm. Ich fühlte mich perfekt. Mit meinen blonden, langen Haaren. Der dünnen Figur. Dem bestandenen Abitur. Dem kommenden Studienplatz. Perfekt eingereiht. In das Bild meiner Familie.

Meine Eltern hatten sich entschieden, ein Haus zu kaufen. Dafür hatten sie eine halbe Million, 200 Euro für eine Waschmaschine wollten sie jedoch nicht haben. Seit einiger Zeit bat ich meine Eltern, mir eine zu kaufen. Ich wollte meine Wäsche nicht ständig bei ihnen waschen. Ich wollte unabhängig sein. Ungebunden. Aber wenn ich alle zwei

Tage zu ihnen musste, dann war ich das nicht. Sie hielten immer noch den Kontakt, die Überwachung aufrecht. Einmal beobachtete ich meine Mutter dabei, wie sie an meiner Kleidung roch. Als ich sie darauf ansprach, antwortete sie, dass sie wissen müsse, ob ich mich immer noch erbreche, da ich nichts darüber erzähle. Auf meine Gegenfrage, warum sie mich nicht einfach darauf ansprechen würde, wenn sie es wissen wolle, entgegnete sie mir, dass ich nicht mehr mit ihr darüber reden würde. Warum ich nicht mehr mit ihr sprach, diese Frage stellte sie sich anscheinend nicht. Es war leichter zu kontrollieren, als offen zu sprechen. Das machte sie mir immer deutlich.

Dass ich keine Waschmaschine bekam, wurde mit Geldmangel begründet, obwohl mein Vater jedes Wochenende spielte und jeden Mittwoch Fußballturniere hatte, die alle einen stattlichen Preis hatten. Er fuhr regelmäßig in den Urlaub. Entweder in die Karibik oder in die USA. Meine Mutter konnte sich problemlos eine teure Markenjacke kaufen und teure Blusen. Das war alles kein Problem. Und sich einfach so ein Haus zu kaufen, war nicht der Rede wert. Ein Schnäppchen, wie sie es nannten. Irgendetwas zwischen einer viertel und halben Million. Ein Schnäppchen. Natürlich.

Ich hatte zwar genug Geld zum Leben, aber gegen Ende des Monats wurde es manchmal sehr knapp. Ich fühlte mich schlecht, wenn ich meinen Freundinnen absagen musste, weil ich nicht genug Geld hatte, um mit ihnen etwas zu unternehmen. Das kam oft vor.

Gemeinsam mit meinen Eltern schaute ich mir das Haus an. Die Doppelhaushälfte stand inmitten einer neuen

Wohnsiedlung. Weiße Häuser. Überall. Klinisch rein. Das richtige Zuhause für das Depot der Sagraton-Flaschen. Es war groß, dreistöckig und hatte eine große Dachterrasse. Als wir im Obergeschoss ankamen, meinte mein Vater, dass das mein Raum wäre. Ich verstand nicht. Ich könne hier einziehen, war sein Kommentar. Nein. Niemals. Ich hatte über ein halbes Jahr darum gekämpft, eine eigene Wohnung zu bekommen, da würde ich nicht einfach bei meinen Eltern wieder einziehen. Natürlich. Nicht. Nur weil sie nun ein Haus haben würden. An der Wohnung lag ja nicht mein Entschluss. Hier bemerkte ich, dass meine Mutter und mein Vater es immer noch nicht verstanden hatten. Oder verstehen wollten.

Ich verstand die Entscheidung bezüglich des Hauskaufes auch nicht. Meine Eltern hatten es sich ausgesucht, weil sie dort alt werden wollten. Sagten sie. Ein Haus mit einer Treppe, die keinen Platz für einen Treppenlift hatte und bei der mein Vater jetzt schon stöhnte, wenn er sie hoch lief. Das waren gute Voraussetzungen. Für das Alter. Aber letztendlich war es nicht meine Entscheidung. Und auch nicht meine Angelegenheit.

Als sie aus der alten Wohnung gegenüber meiner ausgezogen waren, fühlte ich mich etwas befreiter. Bis auf die Tatsache, dass mein Vater jeden Abend langsam an meiner Wohnung vorbeifuhr. Die Überwachung wurde nicht weniger.

Noch immer musste ich die Wäsche bei meinen Eltern waschen. Manchmal holte meine Mutter sie bei mir ab. Manchmal musste ich in die U-Bahn steigen und mit einem Wäschekorb zu meinen Eltern fahren. Ich wünschte mir ein-

fach nur, wegen solcher Kleinigkeiten nicht mehr an sie gebunden zu sein. Ich wollte nicht mehr abhängig sein.

*

Kurz bevor mein Studium begann, fuhr ich mit meiner Mutter und meiner Oma in den Urlaub. Zu dieser Zeit hatte ich
wieder Essstörungen. Zwar nahm ich keine Abführmittel, aß
dafür aber nichts und erbrach das Essen, sobald ich es in mir
hatte. Der Urlaub machte mir großen Druck, aber meine
Mutter hatte mich so inständig darum gebeten mitzufahren,
weil der Brustkrebs meiner Oma immer mehr streute. Sie
hatte Angst, dass meine Oma sterben würde. Sie war so an
sie gebunden, so abhängig von ihr, dass sie es selbst wahrscheinlich nicht überleben würde, wenn meine Oma starb.
Das wusste ich. Und deshalb fuhr ich mit.

Die fünf Tage kamen mir vor wie eine Ewigkeit. Ich
machte viel allein und hatte zum ersten Mal auch ein eigenes
Zimmer. Nur zum Frühstück gingen wir zusammen. Die
Zeit danach hatte ich meistens für mich. Die Radtouren über
die Insel gaben mir irgendwo ein Gefühl von Freiheit. Einmal fuhr ich durch einen hügeligen Wald. Mitten in diesem
Wald befand sich ein großer Sumpf. Beinahe wäre ich dort
hinuntergefahren, weil ich die Kurve nicht bekommen hatte.

Ein Stück hinter dem Wald lag ein kleines Dorf mit winzigen Hütten und einer hübschen Promenade und einem
kleinen, versteckten Café, wo ich die restlichen Tage des
Urlaubs fast ausschließlich verbrachte. Das Einzige, was ich
mir am Tag gönnte, war ein Latte macchiato. Meine einzigen
Kalorien. Auch wenn es immer noch zu viele waren.

83

Neben dem kleinen Café gab es einen winzigen Laden mit hübschem Holzschmuck. Das war mein Rückzugsort. Ich wusste, dass meine Mutter mich dort nicht finden würde. Abends fuhr ich zurück und trank noch einen Tee in einem Restaurant.

Dennoch fühlte ich mich oft allein. Wenn man in der Dunkelheit das Meer beobachtet, die leichten Wellen, wie sie an den Holzpfählen zerschellen, wie der Mond sich im Wasser spiegelt und wie langsam Ruhe eintritt. Dann fühlt man sich verlassen.

Nachts stand ich meistens unter einem großen Baum, der direkt am Hotel war, und rauchte meine letzte Zigarette. So sehr wünschte ich mir in diesen Momenten jemanden an meiner Seite. Der mir zuhörte. Der mich in den Arm nahm. Der mit mir den Mond über der See beobachtete. Der mich lieb hatte. Die Sehnsucht zerriss mich innerlich. Das waren Schmerzen, die sich keiner vorstellen kann, der es nicht selbst erlebt hatte. Eine unerfüllte Sehnsucht nach Liebe. Brachte mich fast zum Aufgeben. Und ließ mich innerlich sterben.

*

Ich war überglücklich, als wir endlich nach Hause fuhren und ich meine eigene Wohnung wieder hatte. Auch wenn ich mich auch dort oft allein fühlte. Das Studium begann und nach einigen Wochen verstand ich zumindest den Großteil des Systems. Ich hatte einen vollen Stundenplan. Nur freitags hatte ich früh Schluss. Danach kaufte ich mir immer ein Bier. Mit der Zeit wurden aus einem Bier zwei. Irgendwann kaufte ich eine Weinflasche. Zwei. Dann Wodka.

Ich betrank mich anfangs nur freitags. Später fast jeden Tag. Immer abends. Weil dort die innere Leere so groß war, dass sie ohne Alkohol nicht auszuhalten war. Manchmal musste ich mich nachts übergeben. Aber das kannte ich ja schon. Mir ging es immer schlechter. Es sprach auch nichts gegen den Alkohol. Ich bekam nie einen Kater. Am nächsten Morgen war ich perfekt. Und die Nächte schlief ich gut. Auf der Toilette. Ich musste nicht mehr weinen. Die Schmerzen waren ertrunken. Im Alkohol. Schwammen sie davon. Ganz weit weg. Doch die Flut kam. Und brachte sie wieder.

Ich war leer. Und schwamm mit. Ich hatten keinen Anker, an dem ich mich hätte festhalten können. Da war nur dunkles Wasser. Und der Meeresgrund. Der Tod. War in Sicht. Mir wurde immer kälter. Innerlich.

Ich färbte mir meine Haare schwarz. Alle sollten es sehen. Irgendwer musste mir helfen. Ich konnte es nicht mehr. Ich ging zu Thomas. Er verschrieb mir Antidepressiva. Aber sie halfen nicht. Es wurde nur noch schlimmer.

An der Uni lernte ich Leon kennen. Ich mochte ihn. Wir teilten die Liebe für Literatur und waren die Einzigen, die sich in den Seminaren meldeten. Ab und an trafen wir uns auch abends. Dann gingen wir etwas trinken. Er lenkte mich von meiner Leere ab. Und mit der Zeit verliebte ich mich in ihn. Anfang Dezember kamen wir zusammen. Und waren ein Paar. Meine erste Beziehung. Er trug mich auf Händen. Nahm mich oft in den Arm. Drückte mich fest an sich. Machte mir kleine Geschenke. Die mich zu Tränen rührten.

Wenige Tage vor Weihnachten fuhr er in den Urlaub. Ich blieb zu Hause. Ich konnte nicht mit. Leider. Für jeden Tag bis Weihnachten hatte er mir ein kleines Geschenk gegeben, zu jedem gehörte ein Brief. Sie lagen unter meinem kleinen Tannenbaum.

Meine Eltern sah ich nur noch selten. Zum Glück. Sie lernten Leon zwar kennen, aber nur flüchtig. Meine Mutter war von ihm begeistert. Mein Vater sagte und zeigte nichts. Leon trug immer Hemd und Mantel. Das fand meine Mutter ganz toll. Und er wirkte durch seine Brille intellektuell. Das fand meine Mutter noch toller.

Als er im Urlaub war, telefonierten wir täglich. Auch an Weihnachten. Weihnachten verbrachte ich für ein paar Stunden bei meinen Eltern. In ihrem neuen Haus. Diese Weihnachten waren die schlimmsten. Und die letzten. Nach zwei Stunden ging ich wieder.

Doch zu Hause hielt ich es auch nicht lange aus. Es war eine Qual, zu sehen, wie in den anderen Wohnungen überall ein Weihnachtsbaum stand und die Familien zusammen-saßen. Sie sahen glücklich aus. Damit konnte ich nicht um-gehen. Ich zog mir meine zerschlissene schwarze Jeans und meine Lederjacke an und machte einen Spaziergang. Am liebsten wäre ich vor ein Auto gesprungen. Aber ich hatte noch keinen Mut. Noch. Nicht.

Ich lief zu einer Currywurstbude und aß dort eine große Portion Pommes. Aber auch das half mir nicht gegen die Einsamkeit. Auf dem Weg nach Hause schaute ich ständig durch die Fenster fremder Wohnungen. Voller Sehnsucht. In mir. An der Tankstelle kaufte ich mir eine Flasche Wein. Ließ zu Hause den Korken knallen. Und betrank mich. An-ders hätte ich die Sehnsucht nicht ertragen.

Die Weihnachtsfeiertage waren nicht besser. Ich fühlte mich einsamer denn je. Machte lange Spaziergänge und versuchte, mich auf den Weihnachtsmärkten besser zu fühlen. Ohne Erfolg. Die Einsamkeit. Blieb. Hängen. Und die Sehnsucht hatte sich bereits. Erhängt. Weil sie niemals erfüllt werden würde.

Zu Silvester fuhr ich mit Leon zu meinen Eltern. Sie baten darum. Wir sollten. Sie wollten. Dort aßen wir am Nachmittag Kuchen und am Abend Raclette. Danach fuhren wir zu mir nach Hause, wo wir mit einer Freundin aus der Uni feierten. Wir stießen zusammen an, aßen Süßigkeiten, machten Bleigießen und ließen Raketen in die Weiten des Himmels steigen. Ich betrank mich. Wieder. Leon übernachtete bei mir. In meinem Bett. Weil ich im Badezimmer lag. Ich hoffte, dass er am nächsten Tag gehen würde. Ich hielt Nähe nicht länger als 24 Stunden aus. Aber er blieb. Abends machte ich einen kleinen Spaziergang. Allein. Um Zeit für mich zu haben.

Am nächsten Tag begann die Uni wieder. Während Leon hinging, blieb ich zu Hause. Ich konnte nicht. Gehen. Ich brauchte Ruhe. Einfach Ruhe. Ruhe. Ruhe. Ruhe. Mehr nicht. Aber innerlich war ich aufgewühlt. Die Suizidgedanken wurden immer schlimmer. So stark. Doch ich konnte mit niemandem darüber reden.

*

Das Jahr hatte kaum merkbar seine Flügel ausgestreckt, als die kalte Winterluft jegliche Gefühle in mir erfrieren ließ. Ein Gefühl von Glück gab es nicht mehr, das die Kälte hätte aufwärmen können. Da war nichts. Nichts. Nur dunkle Gedanken, die dem Tagebuch der Erinnerung langsam und bedacht anzugehören schienen. Erinnerungen voller Schmerz und Scham, voller Angst und Hoffnungslosigkeit. Erinnerungen, die doch nicht sein können, weil sie nicht sein dürfen. Dachte ich. Hoffte ich. Aber eins hatte ich schon als Kind gelernt: Hoffnung versteckt die Vergangenheit nicht.

*

In der ersten Januarwoche begleitete mich mein Betreuer zu einer Beratungsstelle. Ich brauchte Halt. Diese Beratungsstelle hatte auch eine Wohngruppe, welche von Therapeuten begleitet wurde. Ich hoffte, dass ich dort für ein paar Wochen unterkommen konnte. Die Psychologin erklärte mir, dass meine Eltern einen Teil dazuzahlen müssten. Also sprach ich mit ihnen. Sie wollten vor dem Jugendamt ihre Finanzen nicht offenlegen und gaben mir somit nicht die Möglichkeit, dort Schutz zu finden. Und Halt.

Ich war haltlos. Verloren. Die letzte Hoffnung gestorben. Wegen meiner Eltern. Ich hasste sie. Nicht nur dafür. Perfekt musste doch alles sein. Aber ich konnte der Vorstellung meiner Familie nach Perfektion nicht mehr entsprechen.

Meine schwarz gefärbten Haare kräuselten sich auf meinen Schultern. Langsam blies ich den eingeatmeten Rauch der Zigarette aus. Die Küche war in einen sanften Nebel getaucht, die Wände hatten eine gelbliche Farbe angenommen, die Fensterscheiben bedeckte eine leicht gräuliche Schicht. In der Spüle hatten sich drei Kaffeetassen gestapelt. Zwei leere Bierflaschen standen auf der Waschmaschine, die Trockenpflanze auf dem Fensterbrett machte ihrem Namen dank mir alle Ehre. Neben mir lag eine leere Toffifee-Schachtel, auf der ein Aschenbecher stand. Daneben brannte eine Zitronen-Duftkerze.

Ich saß in meinem Sessel, zugedeckt mit einer alten Kinderdecke. Auf meinem Schoß lagen drei leere Packungen Schlafmittel, eine halb leere Schachtel Paracetamol und die Reste der Packung Antidepressiva. Mein Magen grummelte leicht. Leise Jazzmusik betäubte meine Sinne. Langsam wurde mir schwindelig. Die stickige Luft trug zu einer allmählichen Schläfrigkeit bei.

Ein sanftes Glücksgefühl schien mich zu beflügeln. Etwas wankend ging ich zum Kühlschrank und nahm die Sektflasche heraus, die ich extra für diesen Moment gekauft hatte. Vorsichtig ließ ich den Korken knallen. Der Sekt sprudelte leicht aus der Flasche und hinterließ einen kleinen, klebrigen See auf dem Boden. Zurück in meinem Sessel, zündete ich mir eine Zigarette an. Ich hatte gut vorgesorgt und extra für heute eine Packung mehr gekauft.

*

Am Vormittag war ich zum ersten Mal bei Leons Eltern. Es war sehr ungewohnt, wieder ein Gefühl von Familie zu spüren, wenngleich ich auch dort den Drang zu Konventionen und Moral sehr deutlich wahrgenommen hatte. Leons Eltern waren lieb, ebenso seine Oma, doch ich fühlte mich nicht so, als würde ich dort hineinpassen. Obwohl ich mich immer nach einer Familie gesehnt hatte, spürte ich nun, dass ich schlichtweg keiner angehörte und einigen auch nicht angehören wollte. Erst am Abend hatte ich die S-Bahn nach Hause genommen und während der Fahrt kurz mit meinem

Vater telefoniert. Das letzte Mal, so hoffte ich. Zu Hause angekommen, versuchte ich, einen guten Freund anzurufen. Doch statt seine Stimme zu hören, quasselte die Mailbox-Frau ungezwungen und ohne Rücksicht auf Verluste los.

Ich machte leise, traurige Jazzmusik an, las noch ein paar Mal die Briefe, die ich schon einige Wochen zuvor geschrieben hatte, und legte sie dann mit einem merkwürdigen Gefühl neben mich auf den Küchenboden. Alles schien so unwirklich. Schon Jahre zuvor hatte ich oftmals Suizidgedanken gehabt, sie aber nie umgesetzt. Und nun war der Moment gekommen …

Mit leicht zitternden Händen drückte ich erst eine, dann zwei und schließlich alle Tabletten aus der Verpackung. Das Knacken der Plastikverpackung drang durch meine Ohren in meine Seele. Anfangs nahm ich nur zwei Tabletten auf einmal, dann drei und zuletzt erhöhte ich auf fünf Tabletten pro Schluck Wasser. Nachdem ich alle Tabletten geschluckt hatte, wurde mir übel. Ich hatte Angst, alle wieder erbrechen zu müssen. Eine Träne rollte mir über die Wange. Und noch eine. Und noch eine.

*

Nachdem ich die gesamte Sektflasche leer getrunken hatte, legte ich mich in mein Bett. Für einen Moment überlegte ich, ob ich mir nicht vielleicht noch etwas anderes anziehen sollte. Mein Traum war es schon seit Jahren, in einem weißen Kleid zu sterben. Doch das einzige weiße Kleid, das ich besaß, war so unbequem, dass ich mich dazu entschloss, in weitem Shirt und Jogginghose für immer einzuschlafen.

Eine halbe Stunde hatte ich sicher gebraucht, um überhaupt mein Bett zu finden, so sehr betäubten die Tabletten meine Sinne.

Ich machte alle Lichter aus und schloss die Augen. Noch bevor ich irgendwelche Zweifel an meiner Entscheidung hegen konnte, schlief ich tief und fest ein.

*

Nach einer gefühlten Stunde wachte ich wieder auf. Es war immer noch dunkel. Bis ich die Uhrzeit genau erkennen konnte, brauchte ich eine Ewigkeit. Irgendwie wollten die Zahlen auf dem Ziffernblatt meines Weckers einfach nicht still stehen. Nachdem ich die Uhrzeit trotz zusammengekniffener Augen nicht lesen konnte, nahm ich mir mein Handy.

In diesem Moment rief ein guter Freund an. Ich fand die richtige Taste und sagte, ohne ein Wort der Begrüßung, dass ich müde sei und schlafen wolle. Es war ziemlich anstrengend, diesen Satz auszusprechen, wenn sich alles um einen herum drehte. Nachdem ich aufgelegt hatte, verspürte ich ein Gefühl des Selbsthasses. Warum hatte ich ihm nicht gesagt, dass ich Tabletten genommen hatte? Er hätte mir helfen können ... Tränen liefen mir die Wangen hinunter. Doch bevor ich ihn noch mal anrief, kam wieder der Schlaf.

Wenige Minuten später, so fühlte ich, riefen meine Eltern an. Ich ging ran und hatte meine Worte nicht mehr unter Kontrolle. Dauernd fiel mir das Handy aus der Hand, und ich brauchte ewig, um einen Satz zu vervollständigen. Natürlich registrierten es meine Eltern und machten sich folglich auf dem Weg zu mir. In der Zeit schob ich eine Pizza in den Backofen, nahm sie nach fünf Minuten wieder heraus und aß sie dann, obwohl sie noch steinhart und kalt war.

Von nun an bekam ich nichts mehr um mich herum mit. Scheinbar vollkommen orientierungslos, gar hoffnungslos, öffnete ich die Tür, fiel bestimmt dreimal auf den Boden, stand jedes Mal wieder mühselig auf und ließ mich dann doch wieder auf den Boden sinken. Meine Mutter kam allein in meine Wohnung, mein Vater wartete im Auto. Als sie mich sah, begann sie zu weinen. Ihre Tränen waren so kalt, so kaltherzig, dass das, was von meinem Herzen in mir übrig geblieben war, in tausend kleine Stücke zerfiel. Jedes davon verwandelte sich in winzige Scherben, die meine Seele zu zerstören versuchten. Und beinahe hätten sie es geschafft ...

8
BLATT

KRANKENHAUS. INTENSIVSTATION. PSYCHIA-
TRIE. ICH HATTE GESCHRIEN, ICH HATTE
GEWEINT, ICH HATTE GETRETEN, ICH HATTE
GESCHLAGEN. ABER ICH GAB MICH SELBST
NICHT GESCHLAGEN.

Krankenhaus. Intensivstation. Psychiatrie. Ich hatte geschrien, ich hatte geweint, ich hatte getreten, ich hatte geschlagen. Aber ich gab mich selbst nicht geschlagen. Die grinsenden Gesichter meiner Eltern schmerzen immer noch so tief, dass es keine Worte dafür geben könnte. Weder für das Grinsen, noch für den Schmerz. Festgebunden zu sein, sich nicht bewegen zu können, nur Drohungen zu hören, Gleichgültigkeit zu spüren, Angst und enorm große Wut; das waren die schlimmsten Gefühle, die ich jemals innerhalb von wenigen Minuten gefühlt habe. Und doch hatte ich sie zugelassen, akzeptiert und irgendwann auch verarbeitet.

Ich passte nicht in die Psychiatrie, das hatte ich sofort gespürt. Die Schule hatte ich schon seit einem halben Jahr beendet, obwohl ich noch nicht einmal volljährig war. Dass ich bereits studierte, wollte mir anfangs niemand glauben, aber wenigstens dazu hatten meine Eltern die Wahrheit gesagt.

Die anderen Jugendlichen in der Einrichtung waren lieb und schenkten mir an einem Ort, an dem man zwischen kantigen, harten Betten, einem trostlosen Gemeinschaftsraum und Fenstern ohne Knaufe gefangen war, auf irgendeine Art und Weise Wärme. Alle hatten ihre eigene Vergangenheit, hatten Schmerz und Verzweiflung gespürt, sodass wir einander irgendwie verstehen konnten, weil wir diese Gefühle miteinander teilen konnten. Jeder hatte seine eigene Form gewählt, den erlittenen Schmerz zu zeigen, einige hatten jedoch keine wirkliche Wahl gehabt.

Mit einem 15-jährigen Mädchen verstand ich mich besonders gut. Sie war stürmisch, hatte sich ebenfalls selbst verletzt und kam auf dieselbe Art in die Psychiatrie wie ich.

Festgebunden, schreiend, verzweifelt. Sie wurde genauso wie ich nicht ein einziges Mal von ihren Eltern besucht, strahlte aber unglaublich viel Offenheit und Optimismus aus, auch wenn es in ihr ganz anders aussah.

Ein anderes Mädchen, das ich auch gern mochte, hatte Magersucht. Sie war unglaublich hübsch, aber sehr von ihrer Krankheit gezeichnet. Ihren hellen, wachsamen Augen entging nichts. Sie hatte in der ganzen Zeit, in der ich in der Psychiatrie war, Zimmerarrest und durfte weder mit den anderen zusammen essen, noch an den Therapien teilnehmen. Der Grund, so sprach sich herum, war, dass sie wieder ein Kilogramm abgenommen hatte.

Therapiestunden hatten wir nicht sehr viele. Sporttherapie und Ergotherapie waren die einzigen, die ich mitgemacht hatte. Die beiden Therapeutinnen mochte ich. Sie vermittelten ein Gefühl von ein wenig Wärme. Genauso war es bei einer Schwester und einem Pfleger. Sie rissen Witze, machten kleine Ausflüge mit uns im Krankenhausgelände und hatten jederzeit ein offenes Ohr.

Abends ging es mir meist sehr schlecht. Ich weinte, ich bekam Panikanfälle und wollte einfach nur sterben, was ich natürlich nicht sagte. Die ersten Abende ging ich oft zum Zimmer der Schwestern und Pfleger. Anfangs fand ich es schön, dass man auch abends Ansprechpartner hatte, bis ich herausfand, dass nur eine Schwester und ein Pfleger bereit waren, auch dann noch mit mir zu sprechen. Die anderen schienen genervt zu sein. Den einen Oberarzt konnte ich irgendwie nicht leiden. Er versuchte stets, eine zwanghafte Lockerheit herüberzubringen, die in vielen Momenten nicht ansatzweise angebracht war.

Meine Eltern hatten zusammen mit ihm und mir am zweiten Tag ein Gespräch. Ich zeigte ihnen nicht, dass ich sie hasste. Stattdessen war ich verständnisvoll und liebenswert. Die Wut, die ich während des Gespräches empfand, spüre ich auch heute noch. Meine Eltern wussten genau, dass ich niemals in die Psychiatrie wollte. Später fand ich heraus, dass sie entschieden, dass ich hierhergekommen war.

Während des Gespräches merkte ich, wie sehr sich meine Eltern wünschten, dass ich noch eine Weile bleiben sollte und mir die Diagnose »Borderline« gestellt wird. Gegen Ende des Gespräches äußerte sowohl mein Vater als auch meine Mutter, dass es besser für mich wäre, wenn ich noch blieb.

Die Wut entflammte in mir so stark, dass ich weder weinen noch schreien noch Sonstiges tun konnte. Ich stand in diesem kahlen Raum, an dessen einer Wand eine billige Kopie eines Seerosenbildes Monets hing, und bekam kein Wort heraus. Ich war nur traurig. Enttäuscht. Wütend. Verzweifelt.

Und dann kam doch alles anders. Nach zwei weiteren Tagen wurde ich entlassen. Keine Notwendigkeit für eine weitere Zeit der Unterbringung in der Psychiatrie. Anscheinend war ich wohl doch nicht verrückt. Ich denke im Nachhinein, dass der Oberarzt froh war, dass ich entlassen wurde. Nirgendwo hatte ich wirklich hineingepasst. Hätte er mich noch länger ertragen, wäre er, glaube ich, verrückt geworden.

*

Meine Eltern holten mich natürlich nicht ab. Stattdessen kam ein guter Freund mit einem nahezu erleichterten Lächeln.

Die Erleichterung teilte ich, auch wenn ich die anderen Jugendlichen in mein Herz geschlossen hatte und sicherlich vermissen würde. Doch das Gefühl der Glückseligkeit, aus diesem Gefängnis herauszukommen, überwog eindeutig.

Meine Wohnung war unaufgeräumt, als ich nach fast fünf Tagen endlich wieder die Wohnungstür aufschloss. Unvorsichtig stolperte ich über meine hohen Schuhe. Stöhnend ließ ich die vier Taschen auf den Boden fallen und atmete tief ein. Mein Blick ging zuerst zu meinem Bett. Kalt und verlassen stand es direkt am Fenster. Unbezogen. Dafür war aber ein dreckiger Teller darauf. Pizza. Eine schwarze Fleecedecke lag direkt daneben. Ich nahm sie hoch und sah zwei helle Flecken auf dem Stoff. Erbrochenes. Ein merkwürdiger Geruch lag in der Luft. Ein fremder Geruch. Meine Eltern.

Ich machte den Fernseher an, setzte mich auf mein Bett und schaute mir interessenlos irgendwelche Telenovelas an. Ein paar Tränen schluckte ich schnell herunter. Dann stand ich auf und wusch die schwarze Decke und einige Anziehsachen. Gefühllos ging ich durch meine Wohnung. Immer wieder kamen die Bilder aus der Psychiatrie hoch. Festgebunden. Schreiend. Weinend. Und nach Mama rufend. Aber sie kam nicht. Wie immer. Tränen liefen mir die Wangen hinunter. Nicht enden wollend. Hass kam in mir auf. Und eine kaum zu ertragende Sehnsucht. Nach Wärme. Nach Liebe. Nach Familie. Aber davon hatte ich nichts. Und das wusste ich nun.

Wenn die eigenen Eltern nicht traurig, nicht besorgt sind, weil sich ihr Kind umbringen wollte, dann ist das Kind nicht geliebt worden. Vielleicht nur ganz wenig. Vielleicht nie.

Alles habe ich dafür getan, um von meinen Eltern geliebt zu werden. Aber nichts habe ich zurückbekommen. Nichts. Nichts, was gefühlvoll war und nur mir galt und nicht dem zu wahrenden, perfekten Schein. All die Narben hätte ich verstecken können, die Bulimie, die Magersucht genauso, auch meinen Suizidversuch. Aber langsam wurde es schwierig, alles zu verstecken. Selbst jetzt fielen meinen Eltern immer neue Lügen ein, die das Perfektsein aufrechterhielten.

Perfektsein war wichtiger als ich. Das hatte ich verstanden. Und es löste eine unglaubliche Traurigkeit aus. Zusammen mit Wut, endlosen Tränen und meiner Vergangenheit, die sich immer mehr zeigte. Wie eine Blume, die im Frühjahr ihre Knospen aufgehen ließ und ihre Schönheit offenbarte. Doch Schönheit war nicht passend.

Sie war vergänglich. Dem Denken der Gesellschaft angepasst, wie ein Schrank, der auf den Zentimeter genau in die Lücke zwischen den Wänden passte. Ein Abstellschrank. Für Dinge, die ihren Gebrauch nur in der Fantasie eines Einzigen fanden. Auf andere wirkte es befremdlich.

*

Nach vielen Tränennächten wagte ich keinen Blick mehr in den Spiegel. Der Winter schien so endlos zu sein, endlos traurig mit unendlicher Sehnsucht. Immer mehr Bilder der Vergangenheit offenbarten sich, sprudelten hervor, wie die Lava aus Vulkanen, bis sie das Oberflächliche zerstörten. Und sie zerstörten nahezu alles. Die Illusionen meiner Kindheit und meines Elternbildes, das Verhältnis zu meiner

Familie, die stets gepredigte familiäre Perfektion, aber vor allem die Hoffnung.

Niemand würde mir glauben, schließlich war ich doch diejenige, die aus allem ausbrach. Wenn ich nicht gerade die zickige Pubertierende war, dann sollte ich die Verrückte sein. Und wenn keins von beiden zutraf, dann sollte ich schlichtweg böse sein, nach Belieben meiner Mutter auch mal abartig.

Nach meinem Suizidversuch war ich natürlich »verrückt«. Nur merkwürdig, dass das nur meine Eltern so sahen, kein Therapeut, kein Psychiater, kein Sozialarbeiter. In der gesamten Familie verbreiteten meine Eltern ihre Ansichten über mich, selbst vor dem Jugendamt machten sie keinen Halt. Doch je mehr sie mich damit verletzten, desto stärker wurde ich innerlich.

Mit der Zeit brauchte ich keine äußerliche Fassade mehr, die mich schützen musste. Die langen schwarzen Haare wurden braun gefärbt, die zahlreichen Piercings fanden ihren Platz in meinem Nachttisch und nicht mehr in meinem Gesicht, Lederjacke und zerschlissene Jeans wichen Kleidern und farbenfroheren Anziehsachen. Und unbemerkt stiegen die Temperaturen an. Der Schnee wich ersten Frühlingsknospen. Die Traurigkeit blieb.

*

Schließlich entschied ich mich dafür, davon zu erzählen. Ganz langsam. Ganz bedächtig. Ganz vorsichtig. Ein Wort. Mehrere Wörter. Viele Wörter. Bis ein Satz entstand. Mehrere Sätze. Viele Sätze. Meine Vergangenheit …

Gegenüber meinem engen Freund äußerte ich das erste Wort. Das zweite. Das dritte. Alle. Zwischen Kindheit und Gegenwart verfangen, in den Spinnweben jener Zeit. Es fiel mir sehr schwer, eine Entscheidung zwischen Angst, Schweigen und Hoffnung zu treffen. Doch ich entschied mich für meine Hoffnung, für meine Zukunft. Alle Versprechen meiner Kindheit gegenüber meinen Eltern ließ ich abseits treiben. Die Angst blieb.

Er glaubte mir.

Bis jetzt ist es nicht einfach, dieser Zeit Worte zu verleihen. Gar Gefühle. Jahrelang hatte ich kaum Erinnerungen an meine Kindheit. Einige Situationen wurden durch Fotos belegt, doch Gefühle nicht. Erst recht nicht das, was nachts geschah. So viel geweint hatte ich noch nie in meinem Leben. Jede Träne deckte die Vergangenheit ganz langsam auf. Ich wollte nicht wahrnehmen, was ich fühlte. Ich wollte nicht sehen, was sichtbar wurde. Ich wollte nicht glauben, was ich wusste. Und ich wollte nicht verstehen, was ich damals kaum verstanden hatte.

Eine neue Zeit begann, das ahnte ich. Ich merkte, dass der Damm gebrochen war. Ein Damm, der 17 Jahre gehalten hat, ab und an einige Nachbesserungen gebraucht hatte. Doch nun war nichts mehr zu retten. Die Perfektion war überschwemmt. Weggeschwemmt.

*

Nachdem ich vieles an die Oberfläche geholt hatte und mich der Oberflächlichkeit widersetzt hatte, schrieb ich einiges nieder. In einem Brief an meine Eltern. Einerseits hatte ich die Hoffnung, dass sie mit mir offen über alles reden würden. Andererseits ahnte ich, dass ich darauf ein Leben lang warten könnte und die Hoffnung der Enttäuschung weichen würde. Aber die Chance auf Ehrlichkeit meiner Eltern ließ ich nicht treiben. Ich nahm sie auf und schickte sie fort. Mit der Hoffnung, dass meine Eltern dies erkennen würden.

Einige Wochen später bekam ich eine Antwort meines Vaters. Nicht handschriftlich. Sondern entfremdet von ihm selbst. Auf dem PC geschrieben. Der Inhalt beschränkte sich hauptsächlich auf das Finanzielle. Er würde ab meinem 18. Geburtstag meinen Unterhalt um knapp die Hälfte senken. Erpressung. Er würde mich gen Ende September aus meiner Wohnung haben wollen. Erpressung. Erfolglos. Gescheitert. War er.

Ich würde die Wahrheit nicht wieder loslassen. Viele Jahre hatte ich sie verdrängt und somit verloren. Aber nun war das nicht mehr möglich, auch wenn ich es mir manchmal wünschte. Kein Gefühl, das so stark war, hatte die Möglichkeit der Verdrängung oder mit Geld erpresst zu werden. Und auch meine Stärke ließ es nicht zu. Der Kontakt zu meinen Eltern brach ab.

*

Der Frühling war nun so geschwind gekommen, dass man in der Mitte des Monats bereits auf den Wiesen liegen konnte. Frühling bedeutete Umbruch. Für mich.

*

Anfang des Monats suchte ich nach reiflicher Überlegung einen Anwalt auf. Ich ließ mich nicht – mehr – erpressen. Nicht von einem Menschen, der mir sehr viel Schmerz zugefügt hatte und nichts mehr davon wissen wollte. Und nicht von jemand anderem.

Es fiel mir schwer, die Stufen zur Anwaltskanzlei hinaufzulaufen. Ich hatte Angst, dass ich alles zerstören würde. Andererseits wusste ich, dass die Beziehung zwischen meinen Eltern und mir schon lange vorher einem Schlachtfeld ähnelte. Mit vielen Toten. Gefühlen.

Ich hatte Angst, dass mein Vater mir noch mal wehtun würde, wenn er erfuhr, dass ich einen Anwalt wegen des Unterhalts eingeschaltet hatte. Vielleicht dachte er, ich hätte auch von der anderen Sache erzählt. Die Reaktion meines Vaters konnte ich nicht einschätzen. Und es blieb die Furcht.

Dass ich damit einen langen Unterhaltsstreit einleitete, war mir damals nicht bewusst. Wahrscheinlich war dies auch besser so. Vielleicht hätte ich einen Rückzieher gemacht, hätte ich gewusst, wie viel Kraft mich das alles kosten würde.

*

Einige Zeit später rief ich meine Großeltern an. Seit ich meinen Eltern diesen Brief geschrieben hatte, hatten auch sie den Kontakt zu mir abgebrochen. Das wollte ich nicht so einfach hinnehmen. Wenn sie wirklich keinen Kontakt mehr zu mir haben wollten, dann sollten sie mir das auch sagen und nicht durch unbändiges Schweigen äußern. Obwohl Schweigen manchmal mehr offenbart als jegliche Worte.

Sie glaubten mir nicht. Meine Oma behauptete, dass ich drogenabhängig sei, weil ich Zigaretten rauchte und zudem im Januar auch noch eine Überdosis Tabletten genommen hatte. Für sie war also ein Suizidversuch gleichgesetzt mit einer Drogenabhängigkeit. Und das war noch das Harmloseste, was sie im Gespräch von sich gab. Konnte man denn sein Enkelkind nicht mehr lieben, wenn es sich umbringen wollte? Oder wenn es drogenabhängig wäre? Wenn es sich selbst verletzte? Hing Liebe von solchen Dingen ab?

Irgendwann hatte sich so viel Wut in meinem Bauch angesammelt, dass auch ich anfing, etwas lauter zu werden. Doch sie provozierte immer weiter. Ich ging nicht darauf ein. Das Spiel kannte ich bereits. Und die Regeln hatte ich mittlerweile gelernt. Beleidigungen und Beschimpfungen wollte ich mir nicht länger anhören. Ich brach auch zu ihnen den Kontakt ab.

*

Kurze Zeit später hatte ich meinen 18. Geburtstag. Girlanden hingen an den Wänden. Luftballons waren aufgeblasen. Gute Laune. Noch nicht da.

Morgen hatte ich Geburtstag. Als Kind hatte ich mir immer so eine Dekoration gewünscht, wie ich sie mir nun gemacht hatte. In einem Meer aus Luftballons unter der Welle der Sehnsucht zu verschwinden.

Bevor meine Freunde kamen, ging ich noch einmal spazieren. Morgen war ich endlich 18. Frei. Unabhängig. Erwachsen. Mehr oder weniger. Ich lief an meiner alten Grundschule vorbei, an meinem Spielplatz, an der alten

Wohnung meiner Eltern und mir. Ein Ort, an dem ich Kindheit nicht kannte und das weiße Kinderkleid tiefschwarz gefärbt wurde. Alte Erinnerungen wurden wach. Wie ich jeden Tag allein auf dem Heizofen vor meinem Fenster saß, hinausschaute, den Himmel betrachtete und mich weit weg wünschte. Wie ich allein in meinem Zimmer mit den Barbies spielte, die sich entweder gegenseitig umbrachten, selbst töteten oder harten Sex hatten. Wie ich meinem Kuschelhund alles erzählte und er schweigen musste. Wie ich irgendwann jeden Abend das Messer durch meinen Arm zog, die Tränen aus Blut auffing und sie unter einem unschuldig weißen Verband versteckte. Wie ich Abführmittel packungsweise schluckte und so oft auf Toilette rannte, dass ich eigentlich dort hätte schlafen müssen. Wie mein Vater mich gefickt hat. Und meine Mutter zugeschaut und das Ganze wie ein Orchester in einem schlechten Konzert dirigiert hat. Und wie ich letztendlich meine Kisten gepackt hatte und weg war. Gegenüber. Nicht weit. Weg. Von meinen Eltern.

Es wurde Abend und langsam kamen immer mehr meiner Freunde. Die Lautstärke der Musik stieg wie der Alkoholgehalt in unseren Adern an. Und irgendwann war es endlich Mitternacht. 18 Jahre. Lebte ich mein Leben. Überlebte ich meine Vergangenheit. Länger als ich dachte. Länger als möglich.

*

Der April begann mit dem Halbmarathon, den ich zum ersten Mal mitlief. Mit Restalkohol im Blut und einem Kilo mehr auf den Rippen. Die Startzeit war tödlich. Neun Uhr in der Früh. Nach einer durchzechten Nacht genau das Richtige, um wach zu werden.

Das Gefühl während des Laufs war so unglaublich schön. Es hatte etwas von einer Befreiung, von Zukunft und Kraft. Nach den ersten zwei Kilometern wusste ich, dass ich die 22 Kilometer schaffen würde. Noch nie zuvor war ich so eine lange Etappe gelaufen, aber heute würde ich es schaffen.

Meine Eltern standen erstaunlicherweise auch an der Strecke. Meine Mutter meinte früher stets, dass ich unsportlich sei. Allerdings war es mir nicht bekannt, dass unsportliche Menschen einen Halbmarathon laufen ... Ich wollte mir beweisen, dass ich mich frei von meiner Vergangenheit machen kann, dass es mir gleichgültig wird, was meine Eltern von sich geben.

Bei Kilometer 20 standen meine Eltern wieder am Rand. Vollkommen schockiert schauten sie mich an, als ich mit einem breiten Lächeln um die Ecke bog. Dass ich vorher einen Kilometer normal gelaufen bin, sei dahingestellt. Diese Gesichtsausdrücke setzten dem Ganzen noch einmal die Sahnehaube auf.

Nach etwas über zwei Stunden lief ich im Mittelfeld ins Ziel ein. Dieses Adrenalin danach war so fantastisch. Und ich war so stolz auf mich. Noch nie zuvor so sehr ...

*

Ein paar Tage später kehrte die weggewünschte Realität von ihrer Reise zurück ... Das Geld wurde immer knapper und der Schmerz in mir immer größer. Ich fühlte mich so schmutzig. Überall an meinem Körper nahm ich die Berührungen meines Vaters und meiner Mutter erneut wahr. Die Raucherküsse. Den Speichel. Den Schweiß. Die Fingernägel. Das Sperma. Es hörte nicht auf … Es würde niemals aufhören. Immer wieder die Erinnerungen. Das Stöhnen. Das Knarren des Bettes. Die Schritte auf den quietschenden Dielen. Immer näher und näher …

Manchmal kamen die Gedanken an die Bulimie wieder zurück. Dadurch konnte ich immerhin Geld sparen und Gefühle loswerden. Zwei für eins. Ein super Angebot. Nicht wirklich.

Warum ich beschloss, mich zu prostituieren, konnte ich schon damals kaum erklären. Einerseits war es so, dass ich Sex einfach nur abstoßend fand. Mit großem Ekel besetzt. Ein Synonym für Missbrauch. Obwohl das Wort »Missbrauch« nicht einmal ansatzweise das beschreibt, was ich damit verbinde und fühle. All das, was damals geschehen war, in einem Wort zusammenzufassen, war mehr als unpassend.

Andererseits wollte ich mich von meiner Vergangenheit losreißen, sie wieder vergessen, verdrängen. Viele Jahre hatte das schließlich funktioniert. So wie es damals möglich war, würde es nun nicht mehr möglich sein, das war mir klar. Und doch hoffte ich, durch die Prostitution Selbstbestimmung bezogen auf Sex und Befreiung von meiner Vergangenheit zu erlangen.

Im Internet fand ich eine Stellenanzeige bei einem Escortservice. Nach langem Hadern rief ich dort an und lernte ein paar Tage später den Chef des Escortservices kennen. Er war sehr freundlich. Dass ich nicht unbedingt Sex mit den

Kunden haben muss, wenn ich das nicht möchte, sagte er mir auch. Mir war klar, dass es darauf hinauslief, dass ich Sex haben sollte, und dass die Freundlichkeit dazu diente, neue Mädchen wie mich vom Escort zu überzeugen. Trotzdem unterschrieb ich den Vertrag.

*

Wenige Wochen später hatte ich den ersten Kunden. Ein ungefähr 70-jähriger Rentner, der darauf hinsparen muss-te, sich ein Escortmädchen leisten zu können. Es war eklig. Aber das wusste ich auch schon vorher. Vielleicht würde der Ekel irgendwann verschwinden, überlegte ich. Aber ich hatte keine Angst. Und das war ein berauschendes Gefühl. Am Ende zeigte mir der ehemalige Apotheker Bilder seiner Enkelkinder, auf die er ganz stolz zu sein schien. Eine merk-würdige Situation.

Ein paar Tage danach hatte ich meinen zweiten Auftrag. Dieses Mal wollte mich ein Kinderarzt in seiner Praxis tref-fen. In seinem Privatraum hingen Fotos seiner drei Kinder an den Wänden, die fast in meinem Alter waren. Die Vor-stellung war so abstoßend. Ihm schien es jedoch gar nichts auszumachen und das machte mir Angst. Er war sehr grob und teilweise aggressiv. Ich ließ es wortlos über mich ergehen und hoffte inständig, dass die Stunde schnell vorüberging. Nach einer halben Stunde rief der Sohn meines Kunden an. »Ich muss noch arbeiten.«, sagte er zu ihm. Ja, Arbeit kann auch zweideutig sein … Vorher hatte er noch gesagt, dass ich meinen Mund halten soll, sonst würde ich ein großes Problem bekommen. Die letzte halbe Stunde verging recht schnell. Zehn Minuten früher beendete ich das Treffen und verschwand in den Schatten der Stadt.

Mit der Zeit vergaß man den Schmutz, der an einem klebte. Je mehr Schmutz dazukam, desto weniger fühlte ich davon. Zwar hatte ich oftmals das Gefühl, dass fremde Menschen mir ansahen, dass ich eine Nutte war, doch auch daran gewöhnte ich mich. Den wenigen Freunden, denen ich davon erzählte, machte meine Arbeit nichts aus. Einerseits war es erschreckend merkwürdig für mich, andererseits beruhigte es mich ungemein.

Mit der Zeit erkannte ich, dass ich unglücklich mit dem Escort war. Meine Privatsphäre wurde dort kaum beachtet und ich fühlte mich mehr als frei verfügbares Objekt. Durch einen Tipp gelangte ich an ein kleines Bordell, das den Frauen einigermaßen guten Rückhalt gab. Schon als ich damals eintrat, fühlte ich mich wohl, soweit das überhaupt möglich war. Der Vorraum ähnelte eher einer kleinen Bar als einem Bordell.

Die Frauen waren älter als ich, teilweise stark geschminkt und mit sehr hohen High Heels bestückt. Das Lächeln der meisten war wie der Busen unecht. Und doch schien hinter jeder geschminkten Fassade eine traurige Seele zu stecken. Viele Männer sahen den Körper der Frau, aber nicht die Seele. Schließlich hatten sie fast alle eine Ehefrau zu Hause, mit der sie sich befassen mussten. Im Bordell ging es selten um Gefühle. Aber auch Sex spielte nicht immer die Hauptrolle.

Nachdem ich den Vertrag unterschrieben hatte, setzte ich mich an die Bar. Meine Unsicherheit war mir anzumerken. Ich wusste, dass es wieder nur eine Sache der Gewöhnung war. Irgendwann schaltete man einige Sinne einfach komplett aus und nahm dadurch nicht mehr alles wahr.

Noch am selben Abend hatte ich dort meinen ersten Kunden. Er war sehr zurückhaltend, gepflegt und um einiges älter. Nachdem wir eine Stunde miteinander gesprochen hatten, lud er mich zum Essen ein und wir verschwanden im Dunklen. Anschließend gingen wir zurück und ich ging mit ihm hinauf in ein kleines, gemütlich eingerichtetes Zimmer mit einem großen Bett in der Mitte. Langsam zog ich mir meine Anziehsachen aus. Als ich die Strumpfhose hinuntergezogen hatte, nahm er meine Hand und schüttelte den Kopf. Ich begriff nicht. »Zieh dich nicht weiter aus«, sagte er ruhig. Mein erster Gedanke war, ich würde ihm nicht gefallen. Vielleicht gab es ja ein Umtauschrecht, überlegte ich kurz. Schnell verschob ich den unsinnigen Gedanken wieder und fragte ihn nach dem Grund.

»Ich möchte keinen Sex«, sagte er. »Du bist noch so jung und ich so alt. Das passt nicht.«

»Aber warum wolltest du dann mit mir auf ein Zimmer?«, fragte ich ihn.

»Weil ich mit dir in Ruhe reden wollte.«

*

Am nächsten Tag ging ich abends wieder ins Bordell. Im Hellen dorthin zu gehen, war merkwürdig. Heute trug ich ein enges schwarzes Kleid, eine fast durchsichtige Strumpfhose, roten Lippenstift und hohe Schuhe. Jetzt sah ich aus wie eine Prostituierte, vielleicht war ich dann auch eine.

Ich setzte mich an einen kleinen Tisch in der vorderen Ecke, sodass ich alles genau beobachten konnte. Kurz nach acht Uhr kam bereits der erste Gast. Er war bestimmt um die 70 Jahre und setzte sich, nachdem er ein Bier bestellt hatte, zu mir. Er kam aus New York und wir konnten uns nur auf Englisch unterhalten. Eigentlich war ich davon ausgegangen, dass das Schulenglisch ausreichend für solche Gespräche war, doch ich bemerkte, dass ich das meiste mit Händen und Füßen sagen musste.

Irgendwann erzählte er mir von seinen Kindern, seiner Frau und dem Rest seiner Familie, die alle in New York lebten. Dass einige Männer irgendwann begannen, über ihre Familien zu sprechen, schien erst einmal total abwegig. Doch eigentlich offenbarte es nur die Sehnsucht nach jemandem, mit dem sie vertrauensvoll reden konnten, der aber gleichzeitig nichts von ihnen verlangte. In solchen Momenten fühlte ich mich mehr wie eine Lebensberaterin und nicht wie eine Nutte. Irgendwann gingen wir aufs Zimmer.

Einen Tag darauf war er abends wieder im Bordell und meinte: »You're so beautiful, but this here isn't your world.«

*

Warum war ich seiner Meinung nach keine Nutte? Ich verstand es nicht und es machte mich irgendwie wütend. Zu irgendetwas musste ich doch nützlich sein. Früher war ich es jahrelang. Das konnte sich doch nicht verändert haben. Schließlich war ich schon verschmutzt, dann konnte man mich doch nur als Prostituierte gebrauchen. Wenn man sich als nichts fühlte, dann wollte man wenigstens irgendetwas sein, gleichgültig, ob es von dem Großteil der Gesellschaft abgelehnt wurde.

*

Die kommenden Tage verbrachte ich die Abende im Bordell mit einem oder mehreren Kunden und verdiente mein Geld, von dem ich mir mehr leisten konnte, als ich brauchte. Während ich mit irgendwelchen Männern in einem der drei Zimmer war, entfremdete ich mich von mir selbst. Mein Körper spürte nicht, was mit ihm geschah. Meine Seele verdrängte es. Wie früher. Überleben war das Wichtigste.

Nach den ersten Nächten im Bordell begriff ich, wie ich mich früher gerettet hatte. Dieses Wissen war viel mehr wert als die Geldscheinchen, mit denen sich die Kunden wichtigtaten. Gegen zwei oder drei Uhr nachts kehrte ich zurück und musste mich erst einmal eine Stunde lang waschen und übergeben. Der Schmutz musste weg. Auch wenn er blieb.

*

Der Monat verging geschwind. Die Temperaturen stiegen hoch hinauf und fielen manchmal ganz tief. Die Abende im Bordell wurden zur Gewohnheit, das Waschen danach zum Zwang und mein Leben zum Geheimnis, das auch mir oftmals verborgen blieb.

*

Der Juni brach. An. Und das Schweigen. Das große Familiengeheimnis. Es war vorbei. Mit Perfektion. Mit Lügen. Ich entschied mich, meine Eltern anzuzeigen. Wegen schweren sexuellen Missbrauchs.

Nicht gern benutze ich diese Wörter. Sie klingen so fremd, so einfach und doch nicht fassbar. Selten kann ich sie mit dem Erlebten in Verbindung bringen.

*

Mit einem Gefühl der großen Unsicherheit und Angst ging ich die Stufen zum LKA hoch. Ich dachte, man würde mich heute noch vernehmen. Doch dem war nicht so. In zwei Wochen bekam ich einen Termin. Mittwoch. Neun Uhr. Zu früh am Morgen und doch nicht früh genug.

Die zwei Wochen, die mir blieben, verbrachte ich größtenteils im Bordell und in der Universität. An einigen Tagen musste ich schon früh aufstehen, um Seminare an der Uni wahrzunehmen. An anderen Tagen schlief ich den halben Tag, stand am Nachmittag auf und machte mich dann für meine Arbeit zurecht. Es war anstrengend und kostete viel Kraft, auch wenn es nach außen kaum so schien. Prostitution ist keine leichte Arbeit. Man bekommt zwar viel Geld in einer Stunde, aber man zahlt mit dem Großteil der Seele. Und das kann niemand durch Geld ändern.

*

Es war kurz vor elf Uhr. Die Nacht warf ihre dunklen Schatten auf mein Bett. Trostlos ließ die lilafarbene Orchidee, die auf meiner Fensterbank stand, ihren Kopf voller Blüten hängen. Langsam nahm ich die Rasierklinge in meine rechte Hand. Das Blut darauf war schon lange getrocknet. Sehr lange.

Vorsichtig setzte ich die Rasierklinge an die bereits offene Wunde an meinem linken Arm. Ruhig, gar gelassen zog ich die kalte Klinge durch. Ein paar Blutstropfen verewigten sich auf meinem schwarzen Shirt. Nahezu unsichtbar, dass ich sie in ein paar Tagen bereits vergessen hätte.

Etwas unruhiger wiederholte ich es ein zweites Mal. Es blutete kaum. Es tat nur weh. Den Schmerz meines eigenen Handelns zu spüren, bescherte mir eine Gänsehaut. Noch nie zuvor hatte ich ihn so intensiv gespürt. Irgendwann hatte ich sogar vergessen, dass ich Schmerz eigentlich hätte spüren sollen.

Ein drittes Mal setzte ich die Klinge an, zog sie durch die klaffende Wunde und drückte sie fest hinein. Vorsichtig nahm ich die Klinge aus meiner Wunde. Das Blut spritzte fontänenartig heraus. Unbewusst drückte ich meine rechte Hand auf die Wunde. Es war wie ein Traum. Ängstlich zog ich die Hand für einen kurzen Moment weg und merkte, wie mir das Blut über den Arm lief und schließlich auf den Boden tropfte. Schnell suchte ich irgendetwas, mit dem ich das Blut stoppen könnte. Vollkommen unruhig und verängstigt rannte ich durch die Wohnung. Ich wollte doch nicht sterben! Ich wollte nicht verbluten!

Es gelang mir nicht, mich zu beruhigen. Mein Kopf, mein Verstand waren völlig ausgeschaltet, und ich spürte, wie ich nur nach meinem Herzen handelte. Nachdem ich einen weißen Verband eng um meinen Arm gewickelt hatte, rief ich meinen guten Freund an. Es war 22.52 Uhr. Ich betete, dass er ans Telefon ging. Als er abnahm, hörte ich im Hintergrund seinen Fernseher. Ohne mich zu begrüßen, sagte er, dass ich ganz kurz warten solle. Aber warten konnte ich nicht. Nicht jetzt, wo ich Angst hatte zu sterben. Hastig atmend meinte ich, dass ich irgendetwas getroffen hatte. Dass es stark blutete. Dann weinte ich und sagte mehrmals, dass ich nicht sterben will. Er versuchte, mich zu beruhigen, und redete eindringlich auf mich ein, dass ich einen Krankenwagen rufen solle und dass er sich sofort auf den Weg zu mir mache. Ich bejahte ganz leise und legte auf. Kurz darauf rief ich bei der Feuerwehr an. Warteschleife … Dann ging jemand ans Telefon, und ich beschrieb kurz, was passiert war. Die Frauenstimme sagte mir, dass sofort jemand vorbeikommen würde.

Aufgelöst saß ich auf meinem Bett. Die sieben Minuten, die ich warten musste, wurden zu einer Ewigkeit. Ich trank ein wenig aus der Wodkaflasche und zündete mir schließlich eine Zigarette an. Als es an meiner Tür klingelte, machte sich ein wenig Erleichterung breit, wenngleich die Angst blieb. Ich öffnete die Tür und blieb so stehen, dass niemand hereinkam. Erst als die Sanitäter mich fragten, ob sie hereinkommen dürften, verschwand ich in meinem Schlafzimmer. Mein guter Freund lief hinter den beiden Sanitätern und schloss die Tür hinter sich.

Ich setzte mich auf mein Bett, als einer der Sanitäter sich blaue Handschuhe anzog und versuchte, meinen Druckverband zu entfernen. Ich atmete unruhig und schnell, konnte mich nicht beruhigen. Er meinte, ich solle jetzt nicht hinsehen, und zog dann den Druckverband von meinem

Arm. Es hatte aufgehört zu bluten. Ich war erleichtert, aber gleichzeitig auch ängstlich, dass es vielleicht noch einmal anfangen könnte.

Ich beschloss, ins Krankenhaus zu fahren, um die Wunde nähen zu lassen, da mir mein guter Freund versprach, mich zu begleiten.

Als ich neben ihm langsam die Treppen hinunterlief, zitterte ich am ganzen Leib und atmete mehrmals tief durch. Er drückte mich vorsichtig an sich, sprach mir Mut zu. Er kannte meine Angst vor Krankenhäusern.

In den Krankenwagen einzusteigen, war ein seltsames Gefühl. Noch nie in meinem Leben tat ich dies freiwillig. Inzwischen war es kurz vor null Uhr. Der Himmel war bewölkt und eine leichte Schwüle ließ mich in meinem Sweatshirt ein wenig schwitzen. Interessiert an den ganzen medizinischen Geräten, blickte ich mich im Wagen um. Es war ein gutes Gefühl, die Gewissheit zu haben, dass mein guter Freund dem Krankenwagen hinterherfuhr und bei mir war. In der Aufregung wusste er anfangs nicht, wo das Krankenhaus ist, zu dem wir fuhren.

Vor dem Krankenhaus angekommen, sah ich ihn von Weitem. Ich wartete kurz, dann gingen wir gemeinsam hinein. An der Eingangstür stand bereits eine mürrisch guckende Krankenschwester, die uns mitteilte, in welches Zimmer wir gehen sollten.

Als wir uns hingesetzt hatten, kam kurz darauf ein junger Arzt herein. Die Krankenschwester beschrieb mit wenigen Worten, mit wenigen Sätzen, was geschehen war. Ich bekam immer noch kein Wort heraus. Die Angst in mir ließ meine Stimme nahezu verschwinden.

Während die Schwester eine Spritze aufzog, sagte er, dass er die Wunde nähen würde. Davor hatte ich am wenigsten Angst, das Ganze kannte ich schon zur Genüge. Als er die Spritze an der Wunde ansetzte und schließlich einstach, verzerrte ich mein Gesicht vor Schmerz. Mein guter Freund bekam es mit und nahm meine andere Hand in seine. Die Wunde war ungefähr einen knappen Zentimeter tief, deshalb waren die Schmerzen auch wesentlich stärker. Ich atmete erleichtert auf, als alles betäubt war.

Für mich war es immer ein merkwürdiges Gefühl, wenn irgendeine Wunde genäht wurde, wenn irgendwer den Faden durch das betäubte Gewebe stach und man selbst nur einen ganz dumpfen Schmerz bemerkte. Anschließend wurden mehrere Kompressen mit einem Verband um meinen Arm gewickelt. Als ich mich aufsetzte, wurde mir leicht schwindelig, und ängstlich war ich irgendwie auch noch ein wenig.

Der Arzt sprach noch einmal das Thema Eigengefährdung an, was aber schnell vergessen wurde, nachdem mein guter Freund meinte, dass ich heute Nacht nicht allein wäre und er die Verantwortung übernehmen würde. Ein großer Stein fiel mir vom Herzen. Als wir das Krankenhaus endlich verlassen hatten, weinte ich und weinte und hörte gar nicht mehr auf. Ich wollte nicht sterben! Und doch habe ich mich erneut in eine grenzwertige Situation gebracht. Und wieder einmal stand das Glück auf meiner Seite. Das Leben wollte mich nicht loswerden. Andersherum war es oft der Fall gewesen. Es hielt mich fest. Und irgendwann, da würde ich das Leben festhalten. Mit aller Kraft.

*

Müde und gleichzeitig hellwach stand ich auf. Ein Blick in den Spiegel genügte, um zu sehen, dass die Nacht ihre Spuren hinterlassen hatte. Angeschwollene Augen von verweinten Tränen, Augenringe, die mir bis zu den Füßen reichten, und eine Blässe, die mir selbst einen ganz schönen Schrecken einjagte. Schlurfend ging ich in die Küche, um mir einen doppelten Espresso zu machen. Vorsichtshalber tat ich noch zwei extragroße Löffel Espressopulver hinzu.

Heute war die Vernehmung. Stunden, in denen ich erzählte. Vom Anfang. Vom Ende. Von Ficken. Von Sex. Von Schmerz. Von Tod. Von Angst. Von Tränen. Von Schreien. Von Kälte. Von Sehnsucht. Von Liebe. Von allem.

Mein gesamter Körper schien heute mein Gegenspieler zu sein. Ich hatte das Gefühl, kaum atmen zu können, keine Luft zu bekommen, keinen Schritt gehen zu können, kein Wort herauszubekommen. Und doch wollte ich reden. Erzählen. Berichten. Mit Tränen. Hoffnung. Und Sehnsucht.

In der vollkommen überfüllten U-Bahn fühlte ich mich heute so einsam wie noch nie. Die vier Stationen, die ich fahren musste, schienen heute kaum enden zu wollen. Mit einem unbeschreibbaren Gefühl stieg ich aus der U-Bahn und steuerte den nächsten Bäcker an, um mir erneut einen Kaffee zu holen. Angst. Schmerz. Wut. Und einige Zweifel begleiteten mich bei jedem Schritt, der mich näher zu dem Gebäude des LKAs brachte. Eine Zigarette nach der anderen rauchte ich in der Hoffnung, dass mit jedem Atemzug die Angst der Ruhe weichen würde. Erfolglos. Eine halbe Stunde war ich zu früh. Das Nikotin klebte an meinen Lungenflügeln wie die Tränen an meiner Seele. Angespannt. Hustend. Und leicht fröstelnd saß ich auf den Steintreppen des LKA-Eingangs. Die grauen Wolken ließen leichten Nieselregen auf die Erde fallen. Der Sommer schien bei 18 Grad fast vergessen. Aber Sonnenschein hätte zum heutigen Tag nicht gepasst.

Ich hatte Angst, dass ich während der Vernehmung so viel weinen müsste, dass ich kein Wort herausbringen könnte. Ich hatte Angst, dass sich alles noch einmal so anfühlen würde, wie es sich damals anfühlte. Ich hatte Angst, dass noch andere Erlebnisse, andere Gefühle hochkommen würden. Dass ich mich nicht auffangen könnte. Dass ich mittendrin einfach aufstehen, hinausrennen und mich verkriechen würde. Oder dass ich ganz kalt da sitzen würde und sich alle Gefühle aufstauen.

Gerade eben hatte ich noch mit meinem guten Freund telefoniert, der versuchte, mir so viel Mut wie möglich zuzusprechen, obwohl er wusste, dass das kaum etwas brachte. Er und ich wussten, dass ich da allein durchmusste. Ich war mir zwar der Unterstützung von ihm, seiner besten Freundin und meinem gesamten Freundeskreis bewusst und doch war ich irgendwie auf mich allein gestellt. Seine beste Freundin begleitete mich heute auch zur Vernehmung. Das nahm mir ein Stück weit die Angst.

Als ich mir eine weitere Zigarette angezündet hatte, stand sie vor mir, begrüßte mich mit einer Umarmung und drückte mir ein kleines Kuscheltier als Glücksbringer in die Hand. Dann rauchten wir zusammen eine letzte Zigarette und gingen in das Gebäude. Ich stolperte zwar eher hinein und fühlte mich, als würde ich jeden Moment in Ohnmacht fallen oder in Tränen ausbrechen, aber bis zu den Sitzplätzen schaffte ich es.

Nach einer gefühlten Ewigkeit kam eine Mitarbeiterin die Treppen hinuntergelaufen. Sie würde mich heute vernehmen. Mit einem offenen Lächeln bat sie uns, ihr zu folgen. Irgendwann kamen wir in einem kleinen Raum an, in dem ein Schreibtisch und vier Stühle standen. Eine weitere Mitarbeiterin saß bereits am PC und begrüßte uns, als wir eintraten. Sie würde heute alles, was ich sagte, schriftlich fixieren, und ich konnte bisher noch nicht einmal ansatzweise ahnen, dass jemand so schnell tippen könnte wie sie.

Und nun würde es anfangen.

Nun fing es an.

Alles.

Ohne Tränen. Mit innerem Kampf. Ohne Weglaufen. Mit Angst.

Erzählen.

Von Stellungen. Von Schmerz. Von Gefühlen. Von Einsamkeit. Von Isolation. Von Gefangenheit. Von Wunden. Von Angst. Von Narben. Von Befehlen. Von Tränen. Von Schreien. Vom Stummsein. Von Hoffnung. Von Hoffnungslosigkeit. Von Normalität. Von normalen Ausnahmen. Von Zungenküssen. Vom Berühren. Vom Festhalten. Vom Wehren. Vom Aufgeben. Vom Kindsein. Vom Nicht-Kindsein. Von Todesangst. Vom Aufwachen. Vom Ort. Vom Bad. Vom Flur. Vom Bett. Vom Nacktsein. Von Kondomen. Von keinen Kondomen. Vom Sex. Vom Würgen. Vom Ficken. Vom Vergewaltigen. Vom Missbrauch. Von Mama. Von Papa. Vom Selbstmordversuch. Vom Schneiden. Vom Kotzen. Von Prostitution. Von Sehnsucht. Vom Verdrängen. Vom Vergessen. Von Perfektion. Vom Leben. Vom Überleben. Von mir …

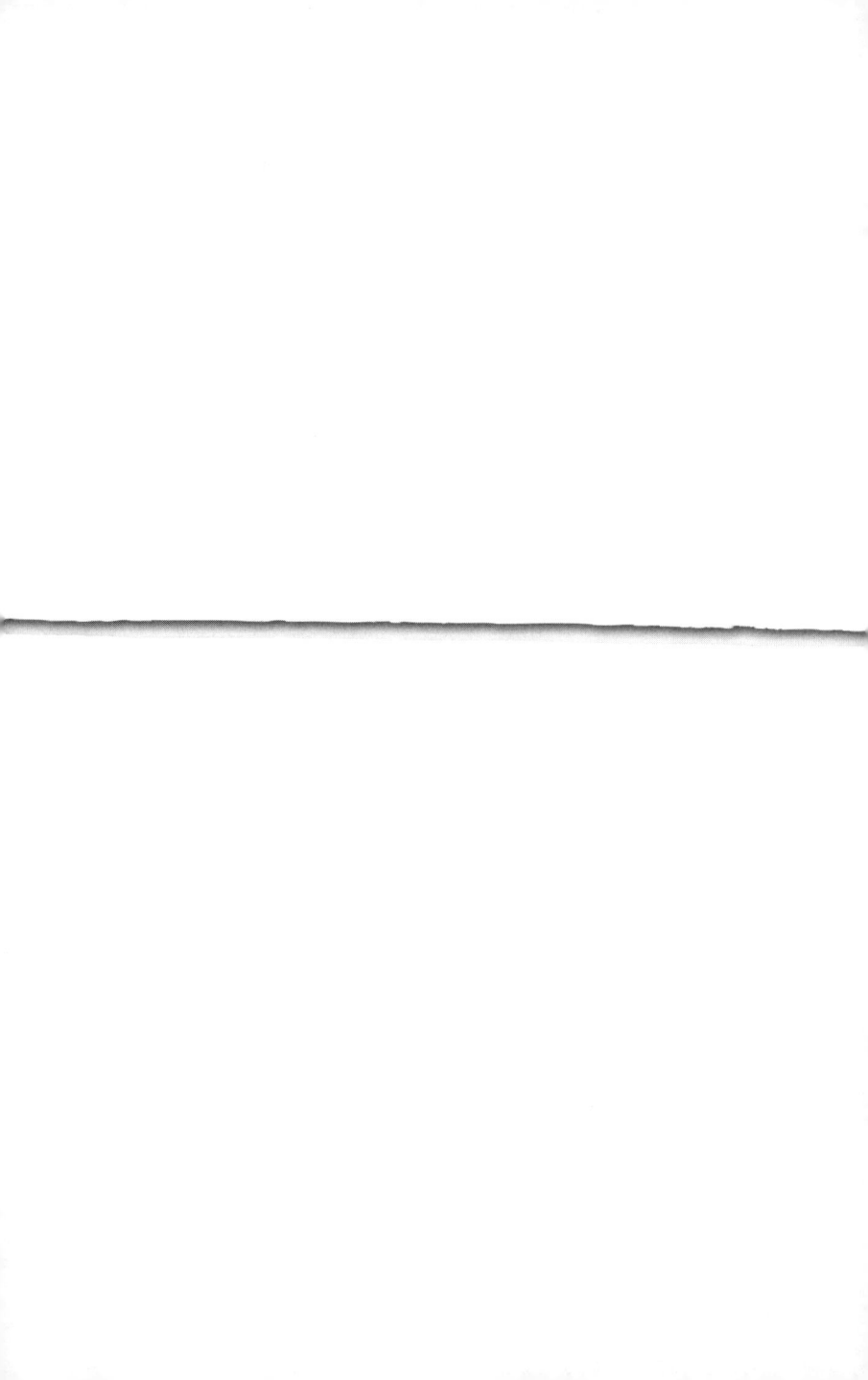

9

BLÜTE

DER SOMMER BEGANN. IN VOLLER BLÜTEN-
PRACHT. DIE BÄUME TRUGEN EIN WUNDER-
BARES GRÜNES KLEID, DAS DIE KRONEN
UMSCHLANG. DIE LUFT WURDE DURCH DIE
SONNENSTRAHLEN SCHON UM SECHS UHR
MORGENS GEWÄRMT UND LEICHTE BRISEN
RÜTTELTEN AN DEN MÄNTELN DER BÄUME.

Der Sommer begann. In voller Blütenpracht. Die Bäume trugen ein wunderbares grünes Kleid, das die Kronen umschlang. Die Luft wurde durch die Sonnenstrahlen schon um sechs Uhr morgens gewärmt und leichte Brisen rüttelten an den Mänteln der Bäume. Spatzen machten es sich auf meinem Balkon bequem und sangen schon ganz in der Früh.

Mit meinem guten Freund fuhr ich im offenen Auto durch die Straßen. Der Fahrtwind wehte mir die Haare aus dem Gesicht. Wir machten in kleinen Cafés halt, die Ruhe boten. Wir fanden unser Lieblingscafé an einem Friedhof und genossen im Schein der Nachmittagssonne Kaffee und hausgebackenen Kuchen. Es war wunderbar.

Neue Orte wurden erkundet, teilweise fuhren wir fast drei Stunden, bis wir ein Restaurant oder Café gefunden hatten, das uns beiden gefiel. Ich aß zum ersten Mal in meinem Leben indisch, griechisch und jugoslawisch. Und zum ersten Mal genoss ich Essen.

An manch einem Morgen brach ich schon sehr früh auf, um schwimmen oder joggen zu gehen. An einigen Mittagen spazierte ich über eine Einkaufsstraße und kaufte mal hier, mal dort eine Kleinigkeit für mich. An vielen Nachmittagen traf ich mich mit Freunden. Wir quatschten in Cafés, versuchten, mit genug Nikotin die Wespen loszuwerden, gingen mit den Hunden im See schwimmen oder sonnten uns bei 32 Grad im Schatten. An den meisten Abenden saß ich zu Hause in meinem Sessel, hörte meine Lieblingsmusik und trank ab und an einen Schluck Rotwein.

Und in allen Nächten holte mich meine Vergangenheit ein. In Albträumen mit Schreien und Tränen. Doch es fühlte sich anders an als noch vor einiger Zeit. Die Wunden in meiner Seele schienen sich langsam zu schließen. Ganz bedächtig. Ganz vorsichtig. Aber immer mehr.

*

Ich war nur noch selten im Bordell. Stattdessen genoss ich den Sommer. In vollen Zügen. Im offenen Auto. Auf meinem quietschenden Fahrrad. Ich traf mich mit einigen Männern, die mich interessierten. Wenn sie mir jedoch zu nahe kamen, ließ ich sie fallen und verschwand. Ich hatte oft Angst, bekam aber immer mehr das Gefühl, zu wissen, was und wer mir guttut.

In einigen Nächten, in denen ich nicht schlafen konnte, streifte ich durch die Straßen, mit einem Döner und einem Bier. Auf der Suche nach mir. Es war wie eine Befreiung. Von der Nacht. Ich war noch nie so glücklich gewesen.

*

An einem anderen Abend lief ich zu der Brücke, die ich immer hinunterspringen wollte. Sanft verschwand die Abendsonne hinter einer leichten Wolkenschicht am Horizont. Das dunkle Panorama der Stadt mit seinen Industriegebäuden, den Wohnhäusern und dem Funkturm war nur schwerlich in der Ferne zu erkennen. Ein frischer Wind wehte mir meine kinnlangen Haare aus dem Gesicht. Langsam schloss ich die Augen und atmete tief ein. Die Abendluft schmeckte kühl und etwas süßlich, gar glücklich.

Selten drehte ich mich zur anderen Seite, denn dort, irgendwo hinter den Bäumen und den drei gelben Schornsteinen von Vattenfall, wohnten zwei Menschen in einem Haus, die es nie auch nur ansatzweise verstanden haben zu lieben. 18 Jahre ohne Liebe schenkten Tränen und Verzweiflung. Eine kaum haltbare Sehnsucht entwickelte sich immer stärker und schmerzhafter zu einem dunklen Gefühl der Leere.

Unter mir fuhr eine S-Bahn geräuschvoll über die Schienen. Daneben rasten Autos. Es war laut und doch leise … Wie oft stand ich hier oben auf dieser Brücke schon. Wie oft hatte ich mich so weit am Geländer hinuntergelehnt, um den grauen Asphalt zu erkennen. Wie oft hatte ich überlegt, wie ich über das hüfthohe Geländer gelangen könnte. Wie oft den Drang verspürt, einfach zu springen. Frei zu sein. Endlich. Glücklich. Und wie oft hatte ich mich dann doch umentschieden. Das Leben schien mich lebendig zu halten, solang ich es zuließ …

Einige Male war ich an diesem Ort nicht allein gewesen. Einige Male hatte ich hier Zuwendung und Wärme gespürt. Einige Male war die Sonne in mir aufgegangen, obwohl ich die Sonne am Horizont hatte untergehen sehen. Einige Male hatte ich Zweisamkeit statt Einsamkeit gefühlt.

Heute stand ich hier wieder allein. Aber allein war ich nicht. Ich war mit mir hier … Mit mir, der ich Liebe, Zuwendung und Wärme gab und dir mir davon das Zehnfache zurückgab. Das, was zwei Menschen nicht geschafft haben, habe ich auf einem steinigen Weg voller Sackgassen und Umwege gelernt, mir selbst zu geben. Ohne Abhängigkeit zu anderen, ohne Schuldgefühle, ohne Zwang. Aber dafür mit Sucht nach dem Leben.

Manchmal wünschte ich mir, dass ich Momente des Lebens in einem Marmeladenglas gefangen halten könnte.

Und irgendwann, da würde ich das Marmeladenglas öffnen, die Lebendigkeit des Momentes spüren und Flammen der Erinnerung entfachen.

Früher hatte ich mein Tagebuch der Erinnerung auf meinem Arm geschrieben. Jeder Narbe konnte ich einen Moment zuschreiben, einen Tag, eine Uhrzeit, ein Gefühl. Die unterschiedlichen Tiefen der damaligen Wunden galten ihren Bedeutungen. Und nun waren nur noch äußere Narben geblieben, die innere Wunden zu verstecken wussten.

Aber auch die inneren Wunden begannen mit jedem glücklichen Lächeln, das ich mir selbst schenkte, zu heilen. Damals hatten mein Arm und meine Seele dieselbe Sprache gesprochen, nun sprachen beide unterschiedliche Sprachen, verstanden sich aber trotzdem.

Vielleicht war es auch besser, dass man Momente nicht in Marmeladengläsern gefangen halten konnte. Frei zu sein hatte selbst der Moment verdient. Nicht frei sein zu dürfen, hatte mir die Einsamkeit näher gebracht und tiefen Schmerz zugefügt. Aber diese Zeit war nun vorbei. Für immer … Für immer und ewig.

Mit einem leichten Lächeln öffnete ich wieder meine Augen. Die letzten Strahlen der Sonne versanken hinter den winzigen Gebäuden in der Ferne.

Langsam machte ich mich auf den Weg nach Hause, hörte noch einmal die S-Bahn, wie sie quietschend über die rostigen Schienen fuhr, nahm noch einmal das Geräusch der rasenden Autos wahr, und dachte noch einmal über meine damaligen Gedanken nach. Dann lächelte ich. Ich strahlte. Weil ich lebte …

Angetrunken saß ich auf meinem schwarzen Sessel in der verqualmten Küche und wusste, dass das Verkaufen meiner Seele für 170 Euro nun ein Ende hatte. Irgendwie verspürte ich einen inneren Knoten, der mich grübeln ließ. Ob es richtig war, überhaupt in diese Szene hineinzugehen, ganz naiv da hineinzuhüpfen oder zu -plumpsen, wie ein Stein, der ins kalte Nass geworfen wurde. Ob meine Hoffnungen erfüllt wurden. Gleichgültig, ob vollkommen oder nur ein ganz kleines bisschen. Ob ich genauso abgehärtet und kalt wie die anderen Frauen war, die versuchten, ihren Körper durch Parfum und Schminke von ihrer Seele zu entfremden. Stets mit der unbewussten Gewissheit, dass es so niemals funktionieren würde.

Als ich damals mit meinen Converse-Turnschuhen ins Bordell gekommen war, einer blickdichten Strumpfhose, einem schwarzen langen Top und einer mausgrauen Strickjacke, hatte ich das Gefühl, dass ich nie eine Prostituierte sein könnte. Ich tat die nächsten Male alles dafür, um eine gute Prostituierte sein zu können. Mit rotem Lippenstift, High Heels, knappem Kleid mit genügend Ausschnitt und Ausblick auf meine Seele. Aber erfolglos. Ich bin dort nie wirklich angekommen. Verehrer hatte ich genug, Geschäftsleute, die mir gern eine Chanel-Handtasche gekauft hätten, aber hauptsächlich Männer, die mich gern privat kennengelernt hätten und sich wünschten, dass ich schon bald nicht mehr dort arbeiten würde. Weil sie mich gern für sich hätten. Weil sie ja doch nur Sex haben wollten. Weil sie ja sowieso nur eine junge, naive Frau jeden einzelnen Tag für das eine gebrauchen wollten. Weil sie mich missbrauchen wollten. Dachte ich.

Aber dass manche, wenige, einen kleinen Teil meiner Seele aufgefangen hatten und nicht in ihre Hosentasche gesteckt hatten, sondern mir zurückgeben wollten, daran dachte ich nicht ein einziges Mal. Männer wollten doch nur das eine. Sex. Und Sex. Und noch mal Sex. Ihren Schwanz in alles stecken, was bei drei nicht auf den Bäumen war. Aber dass mich Liebe und Vertrauen ändern würden, daran hatte ich gar nicht erst gedacht. Und es veränderten sich die Gedanken über Männer, über Sex, über Prostitution und über mich.

Ich fühlte mich nicht als abartig, weil ich mich eine Zeit lang prostituierte. Ich fühlte mich nicht falsch. Die Prostitution war ein Teil meines Lebens und auf irgendeine Art und Weise kann ich durch diese Phase einiges klarer sehen.

*

Es war wohl einer der schönsten Sommer, die ich erlebt hatte. Frei wie ein Vogel. Ohne Flügel. Leicht wie eine Feder. Ohne federleicht zu sein. Strahlend wie die Sonne. Ohne Wolken.

Doch der Sommer verblasste im Nebel des Prozesses. Im Sonnenschein hatte er geruht, doch nun war er erwacht. Beim Rechtsanwalt. Somit begann ein juristischer Kampf um die unverständlichsten Wörter und die tiefsten Verletzungen. Um Grenzüberschreitungen, die früher Gefängnis gefordert hätten. Und um Gefühle, die keiner haben wollte.

Der Gang zum Rechtsanwalt wurde für mich zur Panikattacke und der Weg dorthin zum dornigen Pfad. Niemand durfte mich zum Rechtsanwalt begleiten, da die Informationen vom Rechtsanwalt vor Gericht hätten ausgewertet werden dürfen. So musste ich stets all meine Kraft sammeln und das irgendwie allein meistern.

Anfänglich waren die Gänge zum Rechtsanwalt ein einziger juristischer Fragebogen. Vor meinem Rechtsanwalt musste ich noch einmal alles erzählen, auch wenn das Protokoll der Vernehmung vorlag. Meine Eltern hatten sich keiner Vernehmung gestellt, und eigentlich dachte ich, dass das gut für mich wäre. Mein Rechtsanwalt sah das ähnlich, doch es kam anders …

Die gegnerische Anwältin hatte sofort nach Eingang des Vernehmungsprotokolls ein kurzes Schreiben verfasst, in dem stand, dass meine Eltern sich als unschuldig sahen. Nichts anderes habe ich erwartet. Sie waren immer unschuldig. Wir waren doch die perfekte Familie. Nur die Tochter ist etwas misslungen. Die Tochter ist die Einzige, die aus der Reihe tanzt. In energischen Tangoschritten. Galoppiert sie davon. Wie ein ungestümes Pferd, das jeden abwirft, der auf ihm sitzen möchte. Auf mir durfte niemand mehr reiten.

*

Die Uni begann wieder und damit drei Monate voller Stress. Ich fuhr zwischen Universität und Rechtsanwälten hin und her, verfuhr mich oft, kam aber immer an. Der Unterhaltsstreit hatte bisher noch kein Ergebnis gebracht. Vor noch nicht so langer Zeit hatte ich mit meinem Vater telefoniert. Eine Seltenheit. Zum Glück. Ich saß in der U-Bahn, fuhr gerade von der Uni nach Hause, da rief er an. Das Gespräch begann ruhig und endete laut. Er schrie. Ich schrie. Die

Menschen in der U-Bahn schwiegen. Manchmal guckten sie mich entsetzt an, manchmal bedauernd. Aber das war mir gleichgültig. Zu Hause fing ich an zu weinen. Eine Träne nach der anderen voller unbändiger Wut, grenzenloser Traurigkeit und unsichtbarer Hoffnung. Und Einsamkeit. Schlichte Einsamkeit.

Langsam und bedächtig entblößten sich die Bäume. Es regnete gelbe, rote und braune Blätter, und die Sonne begann, ihren Winterschlaf zu halten. Manchmal wünschte ich mir, auch Winterschlaf halten zu können. So lange und so ruhig, bis alles wieder besser war. Aber die Zeit allein kann nichts ändern, wenn man nicht selbst etwas verändert.

Ende Oktober kam das Hauptschreiben der gegnerischen Anwältin bei mir an. Unverschämt. Unfassbar. Abartig. Mit diesem Schreiben war ich in die Position gerückt, in der ich um die Anerkennung als Opfer kämpfen musste. Ich hatte es nie für möglich gehalten, dass das Recht so etwas zulässt. Zudem kam heraus, dass mein Vater jahrelang meine Handynachrichten, Chatprotokolle und Foreneinträge mitgelesen hatte.

Als ich noch keinen Ansprechpartner hatte, habe ich sehr viel in Foren geschrieben, um wenigstens irgendjemanden zu haben, mit dem ich reden konnte. Dass mein Vater jahrelang mitbekam, wie schlecht es mir ging, und er nichts gemacht hat, das hat mich unglaublich verletzt und schockiert. Ich habe ihm nie etwas bedeutet. Zum Geschlechtsverkehr habe ich gerade noch ausgereicht. Gerade mal so.

Die gesamte Nacht habe ich geweint. Mir wurde immer deutlicher, dass ich nie eine Familie hatte. Inzwischen wusste ich, dass eine biologische Familie keine Familie sein musste. Familie bedeutet Liebe, Zuwendung, Vertrauen und grenzenlose Geborgenheit. Nichts von diesen Dingen gab es bei uns. Stattdessen waren Schmerz, Angst, Gewalt und Schweigen da.

Meinen Eltern kann ich, so denke ich, nicht verzeihen. Der sexuelle Missbrauch begleitet mich jeden Tag, verhindert viele schöne Momente und Erfahrungen und hat viele Narben hinterlassen, dass kein Arm der Welt für all den Schmerz Platz hätte. Diese Kindheitserfahrungen wird man nie wieder los, man kann nur lernen, damit umzugehen und auch in ganz dunklen Phasen weiterzuleben. Weiterleben bedeutet nicht, dass man in diesen Phasen glücklich lebt, aber weiterleben ist der Weg zum Leben.

Durch die regelmäßigen Termine beim Rechtsanwalt wurde ich sehr oft mit meiner Vergangenheit konfrontiert. Das fiel mir nicht leicht, verletzte mich oft, ließ mich tief fallen. Aber ich hatte mich dafür entschieden, und so ließ es mich auch wieder aufstehen, wenn ich fiel. Es kostete mich viel Kraft und schenkte sie mir gleichzeitig.

Nach etlichen Schreiben und Stunden beim Rechtsanwalt kam irgendwann der Winter und die Bäume wurden nackt. Kalt. Dunkel. Ängstlich. So empfand ich die vergangenen Winter stets. Doch nun spürte ich zum ersten Mal die Heizung in meinem Zimmer, freute mich an den Schneeflocken und genoss Spekulatius beim Kuscheln. Jahrelang hatte ich solche Furcht vor dem Winter. Besonders vor Weihnachten. Das Fest der Liebe …

Mein Anwalt verfasste noch Antwortschreiben. Ein Geschenk für mich. Meine Eltern hätten sich wohl über löchrige Stricksocken mehr gefreut. Die Löcher in ihrer Fassade sahen sie weniger gern. Mittlerweile zog es da schon ordentlich. Es war kalt.

*

Kurz vor Weihnachten machte ich zusammen mit meinem guten Freund einen kleinen Bummel in einer großen Einkaufsstraße, als mir plötzlich übel wurde. Ich zitterte am ganzen Körper und hatte starke Bauchkrämpfe. Mir war so schwindelig. Alle Farben verschwammen ineinander, auseinander. Alles ging ineinander über. Ich sagte meinem guten Freund, dass ich gleich sterben würde. So fühlte es sich an.

Ich war bleich im Gesicht und vollkommen verängstigt. Er nahm meine Hand und wir gingen zusammen an die frische Luft. Allein hätte ich aus dem Laden nicht herausgefunden. Wir setzten uns auf eine Bank, in einer kleinen Seitenstraße. Aber ich konnte mich kaum beruhigen. Ich atmete schwer. Und hatte eigentlich das Gefühl, gar nicht mehr atmen zu können. Ganz ruhig atmete er mit mir ein und aus. Ein und aus. Rein und raus. Aber es half kaum.

Er holte sein Auto und fuhr mich nach Hause. Dort legte ich mich auf mein Bett. Langsam wurde es besser. Ich konnte mir nicht erklären, was das war, ich fühlte mich nicht krank. Am Telefon sagte mir mein guter Freund, dass das eine Panikattacke gewesen sei. Ich war schockiert. Ich wusste, was das bedeutet. Meine Mutter litt jahrelang darunter und konnte nie unter vielen Menschen sein. Vieles war dadurch eingeschränkt. Vieles konnten wir nicht machen. Ich wollte nicht dasselbe haben. Ich wollte doch nicht wie meine Mutter sein.

Äußerlich versuchte ich deshalb, stark zu sein. Mir nichts anmerken zu lassen. Innerlich ging es mir ganz schlecht. Ich entwickelte eine Angst vor der Angst. Eine Angst vor weiteren Panikattacken. Und sie kamen auch. Immer wieder. Manchmal täglich. Manchmal auch nur wöchentlich. Jede Panikattacke zehrte ungemein an meiner Kraft. Danach fühlte ich mich wie nach einem Marathonlauf. Mein guter Freund bekam mit, dass es mir nicht gut ging. Er merkte es sofort. Ich brauchte ihm nie zu sagen, wie es mir geht. Er sah es auf den ersten Blick. Manchmal nahm er mich in den Arm, manchmal sprach er ganz ruhig mit mir. Er hatte ein Gespür dafür, was mir in diesem Moment helfen würde. Noch bevor ich es wusste.

Wieder rückte Weihnachten näher. Und meine Angst wuchs mit jedem Tag stetig an. Es waren die ersten Weihnachten, die ich nicht bei meiner biologischen Familie verbrachte. Das war irgendwie ein ganz merkwürdiges Gefühl. Weihnachten war für mich der Tag der Sehnsucht. Nach Familie. Nach Liebe. Und Geborgenheit. Und dieses Jahr durfte ich es zum ersten Mal erfahren. Schöne Weihnachten.

*

Weihnachten. 17 Jahre hatte ich es erlebt. Als ein Fest. Ein Fest der Masken und Spiele. Es war für mich noch nicht begreifbar, dass Weihnachten heute anders werden sollte.

Schritt für Schritt befreite ich mich von den 17 Malen, an denen ich Weihnachten geweint hatte. Kein materielles Geschenk hat mir das gegeben, was ich mir immer gewünscht hatte. Liebe. Liebe konnte man nicht verpacken, nicht materialisieren. Liebe konnte man nur fühlen.

Mit der Zeit hatte ich mich zwar einigermaßen daran gewöhnt, dass ich keine Liebe von meiner Familie bekam, aber die Hoffnung wollte ich trotzdem nicht begraben. Nun tat sie es von ganz allein. Ganz langsam.

Diese Weihnachten durfte ich bei meinem guten Freund und seiner Familie feiern. Das war für mich das größte Geschenk. Ich hatte zum ersten Mal das Gefühl von Zugehörigkeit, von Zusammensein. Von Familie. Wir aßen Gans, Rotkohl und Klöße, tranken Wein und Saft und lachten viel. Es war so schön. Ab und an sind mir ein paar kleine Tränen über die Wangen gelaufen. Doch sie wurden von lieben Blicken aufgefangen und landeten sanft.

Ich hatte das Gefühl, als würden mich alle aufnehmen. Trotz der Schnitte am Arm. Trotz der Tränen. Trotz der Einsamkeit. An wenigen Tagen in meinem Leben hatte ich vor Freude geweint – heute war so einer.

Ich wollte gar nicht mehr nach Hause gehen. Ich wollte die Geborgenheit nicht missen. Zum Glück wartete dort meine Katze. Sissi. Sie war mein Ein und Alles. Ich hatte sie vor einigen Monaten zusammen mit meinem guten Freund aus dem Tierheim geholt und ihr einen Platz bei mir gegeben. Anfangs war ich im Umgang mit ihr noch unsicher. Als Kind hatte ich auch Angst vor Hunden und Katzen. Mit Sissi hatte ich sie nicht mehr.

Jeden Abend, wenn ich im Bett lag und das Licht ausschaltete, sprang sie auf die Matratze und legte sich auf meinen Bauch. Dort schlief sie ein. Und schnurrte. Und schnurrte. Und schnarchte. Genüsslich. Sie nahm mir die Einsamkeit zu Hause. Jedes Mal, wenn ich etwas zu ihr sagte, miaute sie. Als ob sie mit mir reden wollte. Wenn ich manchmal abends an meinem PC schrieb, legte sie sich auf die Tastatur, wenn sie nicht mehr wollte, dass ich schrieb.

Sobald ich meine Hand zu ihr ausstreckte, kam sie angelaufen und kuschelte. Sie kuschelte ohne Ende. Oft fragte ich mich, warum sie im Tierheim gelandet war. Dort hatte man mir nur erzählt, dass sie wenige Monate auf der Straße verbracht hatte. Es war unklar, ob sie weggelaufen oder ausgesetzt worden war. Nach ein paar Tagen war mir aber bewusst, dass Sissi keine Katze war, die einfach so davonlief. Dafür schmuste sie viel zu sehr. Sie sehnte sich genauso wie ich nach Liebe und Zuwendung. Und das verband uns. Wir gaben es uns gegenseitig.

Als ich nach Hause kam, saß sie bereits an der Tür und wollte gekuschelt werden. Mir liefen ein paar Tränen hinunter, als ich mich auf mein Bett setzte. Sie schaute mich an und sprang hinauf, setzte sich auf meinen Schoß und leckte mir meine Tränen weg. Davon war ich so gerührt, dass mir gleich noch ein paar Tränen hinunterliefen. Ab diesem Moment bemerkte ich, wie viel eine Katze verstehen konnte und wie viel sie einem zurückgeben konnte, wenn man ihr Liebe gab. Wir hatten wohl eine Beziehung, die niemand anderes so recht nachvollziehen konnte. Aber das war irgendwie auch gut so.

Der Unterhaltsstreit war neben dem Prozess weiterhin in vollem Gange. Etwas schleppend. Ging er voran. Kurz nach Weihnachten bekam ich ein Schreiben der gegnerischen Anwältin, in dem stand, dass ich kein Recht auf eine Unterhaltzahlung hätte, da ich meine Eltern angezeigt hatte. Also sollte das heißen, dass, wenn die Eltern das Kind missbrauchten, man als Kind den Mund halten soll und seine Eltern nicht anzeigen darf, da man sonst kein Geld zum Leben bekommt. Das war unfassbar. Unfassbar rechtlos, rücksichtslos und hoffnungslos.

Mit der Zeit lernte ich zwar immer besser mit den Schreiben der Anwältin umzugehen, aber es traf mich manchmal doch noch sehr. Oft weinte ich deshalb. Weil ich dachte, es wäre alles ausweglos. Und weil die Verletzungen mich so tief trafen, dass ich damit kaum umgehen konnte.

★

Auch Silvester verbrachte ich bei der Familie meines guten Freundes. Im Kreise von lieben Menschen zu sein, half ein wenig bei der Verabschiedung eines schweren Jahres. Mit einem Schluck Sekt verschwand es im Rausch von Raketen und Böllern, die den dunklen Himmel über der Stadt hell erleuchteten und fernere Geräusche im Knall verschlangen.

Da war es nun: das neue Jahr. Mit Hoffnung im Gepäck, vollkommen überladen. In Sehnsucht verpackt, das schönste Geschenkpapier. Mit einem Lächeln hingenommen, als gäbe es keine Tränen. Die Gier nach Liebe hinuntergeschlungen in Nudelauflauf und Tiramisu. Die Einsamkeit in der Küche mit Zigaretten verraucht.

Doch allein stellt sich die Wahrheit oft ganz bloß. Unbekleidet steht sie vor einem und ist schon lange da, bevor man selbst angekommen ist.

2012 war ein gut gemischter Cocktail. Manchmal hatte er zu viel Alkohol, der vieles Schöne im Rausch vergaß oder zu einem Kater führte, den man niemandem wünschte. Manchmal hatte er zu viel Fruchtsaft, zu süß schienen Versuchungen und Gefühle. Und manchmal war er genau richtig …

Ein neues Jahr bedeutete nicht ein neues Ich. Und am wenigsten eine neue Vergangenheit. Vielmehr hieß es, dass man wieder ein Jahr überlebt, gelebt hat. Und eigentlich war das mehr, als ich mir von 2012 erhofft hatte.

2013 klopfte zaghaft an die Tür. Ich zögerte ein paar Minuten. Dann öffnete ich. Und es war da.

*

Wenige Tage nach Neujahr bekam ich einen Brief von meiner Anwältin. Der strafrechtliche Prozess war eingestellt worden.

Nach den Worten des Staatsanwalts sollte ich lebensfern und psychisch krank sein. Wort- und tränenlos las ich das Schreiben mehrmals durch, bis ich endlich begriff, dass das Recht nicht gerecht war. Mit einem Missbrauch kann niemand symptomlos umgehen. Man braucht eine Möglichkeit, auf der man sich äußern kann. Sprechen konnte ich damals nicht. Sonst wäre ich jetzt tot. Und wenn man sich dann endlich traut, weil man nun groß genug war, sich zu wehren, dann machten einem die übrig gebliebenen Narben auf der Haut einen Strich durch die Rechnung. Doch hätte ich die Narben nicht, dann hätte ich mich nicht nur einmal versucht umzubringen.

Psychisch Kranke hatten also keine Rechte. Wenn man als Vater Lust hatte, seine Tochter zu missbrauchen, dann musste man nur dafür sorgen, dass sie irgendwann einmal psychische Symptome aufwies, und man war aus dem Spiel. Wie absurd und wie krank war unser Rechtssystem? Warum ließ es zu, dass Eltern, die nach außen hin durch ein gepflegtes Haus ihre gespielte Perfektion demonstrierten, mit ihrem Kind aber machen konnten, was sie wollten? Kein fünfjähriges Kind kann sich gegen die Eltern wehren und erst recht nicht verstehen, was Missbrauch bedeutet. Das Trauma, das man als Kind erfahren hatte, kann man erst viel später aufarbeiten. Aber das Rechtssystem spielte gegen die Aufarbeitung. Klappe halten und lächeln. Das war das ungeschriebene Gesetz.

Im letzten Jahr habe ich mich immer mehr gestärkt und stabilisiert, sodass auch die Angst vor einem erneuten Übergriff sank. Doch das Rechtssystem missbrauchte mich ein zweites Mal. Klage gegen die Einstellung. Dienstaufsichtsbeschwerde. Beides eingereicht. Einen zweiten Missbrauch ließ ich nicht einfach so geschehen. Ich war groß genug. Um mich zu wehren. Beides wurde eingestellt. Es war das Ende. Das Ende vom Anfang. Der Anfang der Befreiung. Eine Befreiung ohne Ende.

*

Die Staatsanwältin hatte zwar deutlich geschrieben, dass der Prozess mangels eindeutiger Beweise eingestellt wurde, und noch einmal deutlich gemacht, dass es keine Anhaltspunkte für eine psychische Erkrankung meinerseits gäbe, trotzdem war es ein Freispruch. Meine Eltern durften ihr Leben weiterführen. Als wäre nichts geschehen. Perfekt. Wie immer. Nach außen.

Der Missbrauch endete vor fünf Jahren. Und es waren keine Beweise mehr da? Wunden im Genitalbereich sind bereits nach wenigen Tagen bis Wochen verheilt. Meine Eltern waren so klug gewesen, keine Fotos oder Videos von mir zu machen. Und als Kind hätte ich zur Polizei gehen sollen? Das schafft kein Kind ohne Unterstützung. Aber das wollte niemand sehen. Sie hat ein paar Narben am Arm. Seit Jahren eine Essstörung. Wollte sich umbringen. Hat große Ängste. Und Depressionen. Kein Grund. Dass die Eltern die Ursache sind. Ich war wütend. So unglaublich wütend. Auf das Rechtssystem. Und auf meine Eltern.

Mit dieser Wut konnte ich kaum umgehen, sodass ich wieder in die Essstörung rutschte. Ich aß gar nichts mehr. Keinen Bissen. Ich bekam auch nichts herunter. Obwohl der Hunger groß war. Der Hunger nach Gerechtigkeit.

Wenige Wochen später bekam ich ein Schreiben meines Anwalts wegen des Unterhaltsstreits. Im April sollte die erste Verhandlung sein. Meine Eltern weigerten sich bis jetzt, ihre Finanzen offenzulegen. Der Grund war eindeutig.

Ich hatte große Angst vor der Verhandlung. Auch wenn sie erst in zwei Monaten war. Ich musste dort erscheinen. Meine Eltern auch. Es wurde keine Rücksicht auf meine Vergangenheit genommen. Ich musste ihn sehen. Niemand außer meinem Anwalt durfte mit in den Saal. Es war eine geschlossene Verhandlung. Lange hatte ich meinen Vater nicht mehr gesehen. Das nahm mir nicht wirklich die Angst. Im Gegenteil.

Ein paar Wochen später hatte ich Geburtstag. 19 Jahre. Alt. War ich. Nun. Ich feierte mit meinem guten Freund und seiner Familie, die mich herzlich aufgenommen hatten. Aber die Angststörung bestimmte mein Leben. Ich hatte solch eine große Angst, unter Menschen zu gehen. Eine große Angst, krank zu werden. Und ich hatte mit der Zeit auch noch ein paar Zwänge entwickelt. Die Essstörung wurde nicht besser. Auch zu meinem Geburtstag aß ich nichts. Ich wog knapp 60 Kilogramm. Und fühlte mich schlapp. Am liebsten wäre ich gar nicht mehr rausgegangen.

*

Der Tag der Verhandlung rückte immer näher. Bis er da war. Mit all seiner Wucht. Um neun Uhr früh begann sie. Schon am Eingang des mächtigen Neubaus stieß ich auf meinen Vater. Meine Mutter war nicht mitgekommen. Feige. War sie. Schon immer. Er hatte sich ein vollkommen abgetragenes Hemd angezogen und seine Haare offenbar eine lange Zeit nicht mehr geschnitten. Er sah völlig heruntergekommen aus. Mit dem ganzen Geld, das er auf seinem Konto hatte. Der Kommentar meines Anwalts dazu war nur: »Da hat Ihr Vater wohl ganz schön in die Trickkiste greifen müssen, um sich so zu verkleiden.« Dabei schmunzelte er. Und er hatte recht.

Die Verhandlung lief erstaunlich gut. Ich trat ruhig auf. Als hätte ich nie etwas anderes gemacht. Als um mein Recht zu kämpfen. Mein Vater hingegen war aggressiv und teilweise wütend. Der Richter, der mir wie aus einem amerikanischen Film vorkam, sah das nicht gern. Einmal hatte mich mein Vater während der Verhandlung angeschrien. Das wurde vom Richter unterbunden. Am Ende fühlte ich mich erleichtert. Ich hatte das Gefühl, eine riesige Last losgeworden zu sein. Das war unglaublich beruhigend. Auch wenn ich das Urteil des Richters noch nicht kannte.

Nach der Verhandlung aß ich zum ersten Mal seit Langem wieder etwas. Ich wusste nicht warum. Zwar fühlte ich mich schon die ganze Zeit davor sehr schlapp, aber ich bekam nichts herunter. Jetzt hatte ich eine unbändige Leere in mir, die ich schon bemerkte, als ich aus dem Gerichtsgebäude kam. Die Begegnung mit meinem Vater war für mich sehr anstrengend gewesen. Es war sehr kräftezehrend. Und die Bilder von damals kamen wieder hoch. Nicht viele. Weil ich es kontrollieren konnte. Aber genug, um die Traurigkeit wieder erwachen zu lassen.

Am Nachmittag traf ich mich mit einer ehemaligen Lehrerin. Sie hat mir die Liebe zur Literatur vermittelt und unterstützte jeglichen meiner Texte. Inzwischen sprachen wir auch über Privates und konnten gut zusammen lachen. Sie war zu einer guten Freundin für mich geworden. Ich besuchte sie und ihre kleine Katze und lernte auch ihren Freund kennen. Wir lachten viel und sie lenkte mich gut von der hinter mir liegenden Verhandlung ab. Natürlich fragte sie nach, wie sie war, und freute sich mit mir, als ich meinte, dass es hoffentlich ganz gut war.

Als ich am Abend nach Hause fuhr, kamen auf einmal wieder Suizidgedanken hoch. Leichte Suizidgedanken hatte ich sehr oft, auch wenn es mir gut ging. Wenn ich Schienen sah oder ein Messer. Dann kamen sie hoch. Heute waren sie aber stärker. Ich wusste nicht warum. Und ich hoffte, sie würden so schnell gehen, wie sie gekommen waren.

Zwei Wochen später bekam ich dann von meinem Anwalt eine Kopie des Urteils zugeschickt. Der Richter beschloss, dass meine Eltern ihre Finanzen offenlegen müssen. Und das Beste war, dass er geschrieben hatte, dass das Urteil des Staatsanwalts im Prozess um den Missbrauch nicht unbedingt richtig sein müsse und dass es dafür einige Anhaltspunkte gäbe. Ich hätte den Richter umarmen können. Diese Worte, auch wenn sie juristisch formuliert waren, taten so gut. Das konnte sich keiner vorstellen.

*

Dennoch ging es mir immer schlechter. Ich hatte wieder starke Depressionen. Und konnte kaum noch rausgehen. Ich hatte Angst vor den vielen Menschen. Immer wieder starke Schmerzen. Mal im Bauch, im Unterleib oder im Nacken. Ich fühlte mich schmutzig. Duschte und wusch mich bis zu viermal täglich. Doch der Schmutz blieb. Es war ein erdrückendes Gefühl. Ich fühlte mich aussätzig. Da war keine Hoffnung mehr.

Es fiel mir immer schwerer, etwas zu fühlen. Ich konnte kaum noch aufstehen. Jede noch so kleine Arbeit strengte mich an. Treffen mit Freunden sagte ich ab. Termine auch. Zur Uni ging ich nicht. Ich konnte es nicht. Aber immerhin hatte ich eine Krankschreibung.

Ich aß viel Schokolade und nahm die abgenommenen Kilos wieder zu. Irgendwann schaffte ich es zu einem Arzt, der mir Antidepressiva verschrieb. Ich nahm sie nicht. Weil ich dachte, dass mir sowieso nichts mehr hilft. Stattdessen hortete ich die Medikamente. Für einen späteren Suizidversuch. Ich litt auch immer mehr unter den Panikattacken und meinen Ängsten. Immer mehr Zwänge kamen hinzu. Und die Schmerzen in meinem Bauch wurden immer stärker. Sie waren psychisch. Jede Nacht hatte ich das Gefühl, dass mein Vater in mir steckt. Das Gefühl dabei war so stark, dass ich oft weinte.

Ich wusste, dass ich etwas tun musste. Aber ich hatte keine Kraft. Und keine Stabilität. Mein guter Freund versuchte, mir zu helfen, wo er nur konnte. Aber bei allem konnte er mir einfach nicht helfen. Ich überlegte, ob ich in eine Klinik gehen sollte. Ich hätte eine ambulante Therapie gemacht, aber ich schaffte es auch in Begleitung kaum vor die Tür. Mit den öffentlichen Verkehrsmitteln irgendwo hinzufahren, wäre undenkbar gewesen. Allerdings wollte ich mich noch nicht aufgeben, auch wenn die Suizidgedanken in mir immer stärker wurden. Es war, als wollte ich gegen eine Sturmflut in mir ankommen. Mit einem Plastikdelfin. Ich hatte keine Chance. So fühlte es sich an.

Zusammen mit meinem guten Freund schaute ich mir eine Klinik an. Den ganzen Weg bis dorthin war ich ein Nervenbündel. Alle zwei Meter sagte ich ihm, dass wir umkehren sollten. Doch er fuhr weiter. Wir schauten uns die Klinik gemeinsam an. Sie lag im Grünen. Am Rande der Stadt. Etwas versteckt. Hatte nur Bio-Essen. Und war eine Nichtraucher-Klinik. Die Stationsärztin war nett, zumindest nicht so schlimm, wie vorher von mir vermutet. Ich hatte das Gefühl, dass ich es hier aushalten könnte. Schließlich war es keine geschlossene Station.

Aber trotzdem kamen auch die Bilder meines damaligen Psychiatrieaufenthalts wieder hoch. Sobald ich Krankenhausluft und Krankenhausbetten sah, hätte ich weinen können.

In einem Monat konnte ich in die Klinik. Das war eine relativ kurze Wartezeit. Normal waren drei bis sechs Monate. Ansonsten gab es in ganz Deutschland nur die Möglichkeit der geschlossenen Station. Und das war keine Möglichkeit. Für mich.

*

Ein paar Tage später kamen die Suizidgedanken wieder sehr stark auf. Ich hatte nun 50 Tabletten der Antidepressiva zusammen. Genug. Für den Tod. Sanfte Strahlen der untergehenden Sonne fielen in mein Zimmer, während ich die Tabletten in Joghurt und Wasser auflöste. Es war eine merkwürdig bekannte Situation. Ich hätte das alles viel schneller haben können. Zug. Auto. Erhängen. Aber ich wählte wieder dieselbe Methode. Wie vor zwei Jahren. Ich rief meinen guten Freund an. Er ging ans Telefon. Und war zusammen mit einer guten Bekannten meine Rettung. Beide vertrauten mir, dass ich es nicht tat. Und sie hatten recht. Wir sprachen sehr lange, sie wären vorbeigekommen, aber sie wollten mir meine Verantwortung für mein Leben nicht nehmen. Am seidenen Faden. Hing mein Schicksal. Aber es fiel nicht. Es blieb.

Die gesamte Nacht weinte ich durchweg. Am frühen Morgen kippte ich nach langem Hadern den Joghurt und das Wasser in die Toilette. Es kostete mich Überwindung. Ich hatte meine Antidepressiva so lange gesammelt. Nun waren sie im Toilettenwasser untergegangen. Wie die beiden kleinen Zellhaufen.

Ich fühlte mich fern von allem. Als ob das Leben neben mir und rundherum weitergehen würde. Ganz normal. Nur

143

ich, ich war wie weg. Ich fühlte mich durchsichtig. Kraftlos. Allein. Das Leben lebte weiter. Aber ich war tot. Innerlich.

*

Der Tag der Aufnahme in der Klinik rückte bedächtig näher. Zwei Tage davor gab ich Sissi zu meinem guten Freund. Das fiel mir unendlich schwer. Ich wusste, dass er gut mit ihr umgehen würde, dass er gut auf sie aufpassen würde und dass sie es schön bei ihm haben würde. Aber ich konnte ohne sie kaum einen Tag aushalten. Am Abend, als sie bereits bei ihm war, weinte ich bitterlich. Die Wohnung war so kahl, so trostlos ohne sie. Die Einsamkeit war schlimmer denn je. Wer würde mich nun trösten, wenn sie nicht da war? Wer würde mir die Tränen an meinen Wangen weglecken? Wer würde auf dem Fensterbrett die Vögel verjagen? Wer würde nachts auf mich aufpassen? Wenn sie nicht da war. Niemand. War die Antwort.

Ich wusste nicht mehr, wie ich die beiden Nächte ohne sie überstand. Ich wusste nur, dass ich selbst im Schlaf geweint hatte. Mein Koffer war gepackt. Alle Steckdosen ausgeschaltet. Es konnte losgehen.

Mein guter Freund fuhr mit mir in die Klinik. Bereits vor den Toren flehte ich ihn an umzudrehen. Er meinte, dass ich sie mir wenigstens noch einmal anschauen sollte. Ich versuchte es. Wirklich. Aber ich schaffte es nicht. Auf der Station angekommen, zeigte mir eine Schwester mein Zimmer. Es war unglaublich klein und hatte Krankenhausbetten. Ich schüttelte den Kopf und weinte. Leise sagte ich, dass man mir kein Krankenhausbett versprochen hatte, weil ich damit sehr schlechte Erfahrungen verband. Die Schwester schaute mich skeptisch und irritiert an. »Wir haben aber nur Krankenhausbetten«, sagte sie. Mein guter Freund bestärkte meine Aussage, dass er das Versprechen auch mitbekommen hätte, worauf die Schwester meinte: »Na entweder, Sie bleiben hier, oder Sie gehen wieder. Ganz einfach.«

Ganz einfach. War nichts. Mir wurde das alles zu viel und ich rannte aus dem Gebäude. In kurzer Entfernung sah ich eine Bank hinter hohen Gräsern. Dorthin lief ich. Mein guter Freund folgte mir.

»Ich kann das nicht!«, sagte ich.

»Aber ich muss.«

»Du musst gar nichts!«, sagte er.

Eine halbe Stunde dachte ich nach. Dann ging ich. Zum Auto. Und stieg ein. Auf der Rückfahrt überlegte ich die ganze Zeit, ob es die richtige Entscheidung war. Ich wusste es nicht. Alle zwei Minuten meinte ich, dass wir umkehren sollten. Dann sagte ich wieder, dass ich dort nicht wieder zurück möchte. Ich hatte solche Angst davor. Ich wollte eigentlich stark sein und es durchziehen. Aber ich konnte es nicht. Es ging nicht. Ich versagte. Zum ersten Mal. Mein guter Freund hielt dreimal am Straßenrand an, weil ich mich nicht entscheiden konnte. Klinik oder Zuhause? Mutig oder feige? Schließlich fuhr er weiter. Nach Hause.

Dort angekommen, fühlte ich mich so schlecht. Ich fühlte mich feige. Allein. Sissi war nicht da. Ich zweifelte an mir, an meiner Entscheidung, an meiner Stärke. Ich weinte. Aber niemand war da, der meine Tränen auffing oder sie ableckte. Da ich nicht wusste, ob ich noch mal einen Versuch in der

Klinik starten sollte, blieb Sissi vorerst bei meinem guten Freund. Das fiel mir unglaublich schwer.

*

Am nächsten Tag ging es mir etwas besser, sodass ich mich mit einem Bekannten traf. Es war Sommer geworden. Ohne dass ich es bemerkt hatte. Die Hitze war kaum auszuhalten. Wir gingen ein Eis essen. Dann fuhr er mich nach Hause. Plötzlich bekam ich einen Anruf. Sie bekommt die Kleine. Ich war vollkommen aus dem Häuschen. Eine meiner Freundinnen war schwanger und lag in den Wehen. Ich durfte zu ihr ins Krankenhaus fahren, obwohl sie noch in den Wehen lag. Schnell rannte ich die Treppen hoch und wollte vorher noch duschen. Als ich aus der Dusche kam, waren meine Füße noch ganz nass. Ich beeilte mich so sehr.

Doch plötzlich lag ich mit einem mächtigen Geräusch auf dem Boden. Ich war ausgerutscht und mit meinem Ellenbogen direkt auf eine Metallkante gefallen. Mir wurde so schlecht von den Schmerzen, ich dachte, der Ellenbogen wäre gebrochen. Mein Kreislauf spielte verrückt und ich konnte gerade noch meinen guten Freund anrufen und fragen, ob er herkommen könnte. Sofort machte er sich auf den Weg. Ich lag derweilen auf dem Bett. Alles drehte sich um mich herum und ich ärgerte mich über mich selbst. Ich hatte mehr Angst darum, dass meine Freundin ihr Baby bekam und ich nichts mitbekam, als um meinen Arm.

Als mein guter Freund da war, konnte ich immer noch nicht aufstehen. Er beschloss, einen Krankenwagen zu rufen. Als die Sanitäter da waren, kümmerten sie sich ganz lieb um mich. Trotz meiner Narben am Arm. Keine Vorurteile. Nichts. Ich bat sie darum, mich in dasselbe Krankenhaus zu fahren, in dem meine Freundin entbinden würde. Obwohl normalerweise das nächstgelegene Krankenhaus angefahren werden muss, taten sie mir den Gefallen.

Meine Freundin lag also auf der Gynäkologie und ich in der Notfallambulanz. Nach einer Röntgenuntersuchung stellte sich zum Glück heraus, dass es nur eine heftige Prellung war. Kein Bruch. Nun konnte auch ich wieder etwas lachen. Als ich mit dem Fahrstuhl zur Gynäkologie fuhr, warteten dort bereits zwei Bekannte. Anscheinend hatte sich meine Tollpatschigkeit bis zu meiner Freundin herumgesprochen, die in den Wehen lag, denn auch sie hatte sich bereits nach mir erkundigt.

Wir erfuhren, dass die Kleine erst am Abend kommen würde, und so fuhren wir zurück. Ein Gewitter zog auf, als wir uns wieder auf den Weg zum Krankenhaus machten. Noch regnete, blitzte und donnerte es nicht. Gespannt und aufgeregt warteten wir vor dem Kreißsaal. Eine Viertelstunde später war sie da. Zehn Minuten war sie alt und ich durfte sie sehen. Das war für mich ein so großes Geschenk, dass es dafür keine Worte gibt.

Die Kleine lag besonnen auf der Brust ihrer Mama. Ab und an machte sie die Augen auf. Sie war vollkommen entspannt. Und zuckersüß. Ihre Eltern waren so glücklich und zufrieden. Das war so schön anzusehen. Dieses Glück übertrug sich auf mich. Auch wenn bei mir die Sehnsucht hochkam. Nach Eltern. Nach einer Familie. Ich wusste, dass die beiden wunderbare Eltern werden würden und es bereits waren. Und ich behielt recht.

Kurz nachdem wir das Krankenhaus verlassen hatten, donnerte und blitzte es auf einmal sehr. Die Kleine war da. Und jeder hörte es. Am nächsten Tag fragte ich meine Freundin, ob ich sie im Krankenhaus besuchen dürfe. Sie sagte Ja und freute sich auf mich. Ich wusste, dass ich dorthin nicht laufen könnte. Das Krankenhaus war zu weit weg. So fuhr ich mit dem Bus. Auch wenn es mich einige Überwindung kostete. Zum ersten Mal nach etlichen Monaten schaffte ich es, mit den öffentlichen Verkehrsmitteln zu fahren.

Im Zimmer, in dem Mutter und Tochter lagen, war inzwischen fast die ganze Familie der jungen Eltern. Als ich eintrat, schmunzelten alle. Liebevoll. Ich wusste, dass sie meine Tollpatschigkeit von gestern meinten. Die Kleine lag auf dem Bauch ihrer Mama. Diese sah schon wieder richtig fit aus. Die erste Nacht war gut verlaufen. Die Kleine hatte selig geschlafen und ihre Mama etwas Ruhe gefunden. Meine Freundin und ihr Mann freuten sich, dass ich gekommen war. Sie kannten meine momentanen Probleme.

*

Nur wenige Stunden vorher hatte ich einen Teil meiner Geschichte an einen Verlag geschickt. Während es mir sehr schlecht ging, hatte ich einiges schriftlich verarbeitet. Die Zusage schenkte mir Kraft. Und ein Ziel. Es war die Erfüllung meines größten Traums. Selbst Wochen später konnte ich es nicht begreifen. Weil ich so glücklich darüber war. Oft dachte ich dabei an die Autorin der *Harry Potter*-Reihe. Sie war als Schriftstellerin ein großes Vorbild für mich. Trotz etlicher Absagen der Verlage hatte sie an ihr Manuskript geglaubt. Und letztendlich wurde ihr Mut belohnt. Ich hatte damit gerechnet, etliche Verlage anschreiben zu müssen, um überhaupt eine Zusage zu bekommen. Dass es beim ersten Verlag sofort klappte, war ein Wunder. Ein wundervolles Wunder.

Nachdem ich mich mit dem Verleger getroffen hatte, arbeitete ich viel an meinem Buch. Es kostete mich sehr viel meiner Kraft, auch die Situationen mit meinen Eltern zu beschreiben. Jedes Mal kamen die Bilder wieder hoch. Jedes Mal musste ich damit neu umgehen lernen. Es gab mir aber auch viel Kraft, die Worte des Missbrauchs niederzuschreiben. Es war mein eigener Weg der Verarbeitung. Auch wenn die Verarbeitung eines sexuellen Missbrauchs lange, lange dauern würde. Wahrscheinlich ein Leben lang.

Das Wichtige aber war, dass man einen Anfang fand. Das gestaltete sich oft schwierig. Etliche Symptome wiesen auf die Ursache hin, aber sich einzugestehen, dass man nie »Eltern« hatte, das kostet viel Mut, viel Kraft und Zeit. Durch das Schreiben allein schafft man das nicht. Aber ein Anfang war schon immer besser als ein Ende. Und mein Ende war noch nicht da. Noch lange nicht.

*

Ich bemerkte, wie ich von Tag zu Tag mehr Kraft schöpfte. Immer öfter schaffte ich es, mit den öffentlichen Verkehrsmitteln zu fahren, unter Menschen zu gehen und die Angst vor der Angst etwas zu dämpfen. Einen zweiten Versuch in der Klinik wollte ich eigentlich starten, aber ich tat es nicht. Irgendwie wollte ich es allein schaffen.

Den größten Teil des Sommers verbrachte ich bei der Familie meines guten Freundes in einem Garten am Stadtrand. Manchmal fuhr ich auch zu einem Bekannten und ging dort im See schwimmen. Das hätte ich mich vor einiger Zeit nie getraut. Aber nun schaffte ich es. Ohne dabei meine Kraft zu verlieren.

Mir ging es besser. Mit jedem sonnigen Tag. Meine Eltern hatten im Unterhaltsstreit Klage gegen das Urteil des Richters eingereicht. Erfolglos. Waren sie. Endlich. Die Klage wurde abgewiesen. Meine Eltern mussten ihre Finanzen offenlegen. Ich hatte Erfolg. Seit Langem. Endlich. Wieder. Einmal.

Der Sommer verabschiedete sich so schnell, wie er gekommen war. Zwar hatte ich sehr schöne, intensive Momente des Sommers auffangen können, doch ging die Zeit viel zu schnell herum.

Das letzte große Ereignis im Spätsommer war für mich der Marathon. Vor einem Jahr hatte ich mich dafür angemeldet. Etwas naiv beäugte ich die Strecke. Immer wieder überlegte ich hin und her, ob ich mitlaufen sollte. Oder nicht. Zwei Tage zuvor entschied ich mich letztendlich dafür, zu laufen. Ich hatte schließlich 100 Euro dafür bezahlt. Das war eine Menge Geld für mich. Und wenn ich nicht antrat, war es für nichts. Also lief ich. Notgedrungen. Ich hatte die Wochen, Monate zuvor, wenn es hochkam, fünfmal trainiert. Wenn ich mir den Laufplan für einen Marathon anschaute, wurde mir doch etwas anders. Ich setzte mir also das Ziel, die Hälfte zu schaffen. Das hatte ich schon einmal nahezu untrainiert geschafft. Also sollte es dieses Mal irgendwie auch klappen. Hoffte ich.

An einem zehn Grad kalten, aber sonnigen Sonntagmorgen ging es los. Bereits nach zehn Kilometern ging ich nur noch. Zwar schnell. Aber ich rannte nicht. Ich hatte mich viel zu leicht angezogen und hatte nicht so recht mein Tempo gefunden. Wenn man es nicht von Anfang an fand, war man bei einem Marathon verloren. Aber ich kämpfte. Weiter.

Immer wieder rief ich Freunde an, während ich die Straßen hinuntermarschierte. Immer mit dem Satz: »Ich laufe gerade beim Marathon mit, und was machst du?« Meine Freunde dachten, ich meinte das nicht ernst. Ich hatte keinem davon erzählt, weil ich nicht wusste, wie weit ich es schaffen und ob ich überhaupt antreten würde. Es bereitete mir immer wieder Gänsehaut, wenn die Menschen am Straßenrand einen anfeuerten. Das war ein so schönes Gefühl. Ich lief. Und lief. Und lief.

Nach Kilometer 20 setzte ich mir das Ziel, 25 Kilometer zu schaffen. Daraus wurden 30. Dann 35. 37. Mein guter Freund war der Einzige, der von meiner Aktion wusste. Er stand bei Kilometer 34. Ich schleppte mich voran. Nun war es nur noch ein Kampf. Die Kälte machte es den Muskeln nicht gerade leicht. Bei jedem Schritt hatte ich starke Schmerzen. Irgendwann konnte ich die Tränen nicht mehr zurückhalten. Eigentlich wollte ich bei Kilometer 34 aufhören. Zu stark waren die Schmerzen.

Mein guter Freund spornte mich aber an und meinte, dass ich wenigstens noch ein paar Kilometer laufen müsste. Wenigstens. Ich hatte ja bisher auch nur 34 Kilometer geschafft. Das war ja eigentlich ein kleiner Sonntagsspaziergang. Ich war sauer auf ihn, dass er mich noch weiter schickte, aber letztendlich blieb es ja meine Entscheidung. Und letztendlich, ein paar Tage später, war ich ihm auch dankbar.

Ich schleppte mich noch weiter. 35 Kilometer. 36 Kilometer. 37 Kilometer. Fünf Kilometer hätte ich noch laufen müssen. Aber ich wollte nicht mehr. Mir tat alles weh. Selbst die kleinen Finger. Ich gab auf. Anfangs war ich enttäuscht, aber diese Enttäuschung hielt nicht lange an. Früher hätte ich niemals irgendetwas aufgegeben. Nur mich. Und das tat ich nun nicht.

37 Kilometer war ich noch nie gelaufen. Das war eine tolle Leistung. Ohne Training. Mit Training hätte ich die fünf Kilometer noch geschafft. Das wusste ich. Aber so war es nun. Und ich war trotzdem glücklich. Am meisten freute ich mich auf das Schokocroissant, das man am Ziel bekam. Ich hatte noch nicht einmal Lust auf eine Zigarette.

Als ich dann endlich zu Hause ankam, war ich froh über ein warmes Bad und eine Flasche Franzbranntwein. Ich konnte mich kaum noch bewegen. Selbst im Liegen tat mir alles weh. Aber ich war glücklich. Dass ich es nicht ganz geschafft hatte. Und ich schwor mir, nie wieder einen Marathon zu laufen.

Obwohl ich jetzt auch wieder etwas anders darüber denke. Wenn ich wirklich gut trainiert wäre, würde ich es noch einmal versuchen. Aber ich würde niemandem davon erzählen. Das wäre dann ganz allein für mich. Nicht um mir etwas zu beweisen. Sondern weil ich den Marathon und alles darum herum noch einmal genießen möchte. Vorerst werde ich mich aber erst wieder an den Halbmarathon trauen. Wenn ich da unter zwei Stunden laufe, dann traue ich mir auch den Marathon zu.

Der Muskelkater die nächsten Tage war heftig. Zum Glück hatte ich ihn nur zwei Tage. Nur mein Fuß tat noch ordentlich weh. Eine Woche darauf ging ich deshalb zum Arzt, der ganz entspannt erklärte, dass ich mir wohl schon am Anfang des Marathons den Fuß gebrochen hatte. Ein Ermüdungsbruch. »Dass Sie es überhaupt so weit geschafft haben, ist ein kleines Wunder«, meinte er noch.

*

Wenige Wochen später begann die Uni wieder. Das letzte Semester hatte ich ausgesetzt, nun wollte ich es aber wieder wagen. Ich wollte so viel schaffen, wie es nur irgendwie möglich war. Mein Stundenplan war voll. Voll mit Kursen und Vorlesungen. Anfangs bewältigte ich alles und hatte einen Überblick. Aber mit der Zeit nahm meine Kraft wieder ab. Ich überlegte, ob ich mir zu viel zugemutet hatte. Aber zu viel gab es momentan für mich nicht. Ich funktionierte wieder. Wie früher. Wie damals. Als meine Eltern mich missbraucht haben. Ich merkte das immer mehr, aber ich konnte nichts einschränken. Irgendwie musste es doch gehen. Andere schafften das schließlich auch. Meine Ängste kamen wieder vermehrt auf. Es war eine Spirale. Der Angst. Trotzdem funktionierte ich, so gut es ging. Und das war nicht besonders gut.

Fast jede Nacht hatte ich wieder starke Schmerzen im Bauch. Manchmal lag ich die ganze Nacht wach. So stark waren sie. Oft hatte ich das Gefühl, mein Vater würde in mir stecken. Sich in mir bewegen. Rein und raus. Raus und rein. Hin und her. Her und hin. Aber er saß zu dieser Zeit wahrscheinlich in seinem schönen, keimfreien Haus, schaute unbeschwert Bundesliga, während meine Mutter im Bett lag und schlief. Ein unbeschwertes Leben. Hatten sie. Und die Ungerechtigkeit zerfraß mich. Keine Schokolade der Welt hätte diesen inneren Prozess aufhalten können. Jeden Tag litt ich wieder und wieder. Und wieder. Und wieder. Und immer wieder. Eine endlose Reihe. Folgte. Mir. Auf Schritt und Tritt.

Nachts schlief ich wieder nur mit offenen Augen. Auch wenn die Angst vor meinem Vater nicht mehr real war. Sie war für mich immer noch da. Auch wenn ich meinem Vater nun bei nur einer einzigen Berührung einen solchen Kinnhaken verpassen würde, dass er nicht noch einmal an eine Berührung denken würde. Einem halben Jahr intensiven Boxtrainings sei Dank.

Es fühlte sich an, als ob meine Vergangenheit an mir kleben würde. Wie Sekundenkleber. Noch stärker. Und noch schneller. Eine Berührung reichte aus, um eine Kinderseele zu zerbrechen. Und um eine Erwachsenenseele für immer gefangen zu halten.

Ich wusste, dass man einen sexuellen Missbrauch nie vergessen würde. Ich wusste, dass die Symptome, meine Ängste, meine Schmerzen, meine Traurigkeit, ein Schutz vor meiner Vergangenheit waren. Und ich wusste, dass meine Kindheit nie wieder schön sein könnte, weil es sie nur einmal gab.

Meine Kindheit war gestorben. Im Missbrauch. Im sexuellen Missbrauch. Im schweren sexuellen Missbrauch. Auch wenn kein einziges Wort das zulässt, was meine Vergangenheit für mich war. In dieser Zeit habe ich mich verloren. Der Tod fühlte sich sehnlichst lebendiger an als mein

Leben. Dass es jemals andersherum sein würde, konnte ich mir nie vorstellen.

*

Mein guter Freund sagte einmal den Satz: »Es geht doch immer irgendwie weiter.« Anfangs wollte ich diesen Satz gar nicht hören. Ich empfand ihn als einen halbherzigen Versuch, mich aufzumuntern. Aber je mehr ich darüber nachdachte, desto mehr verstand ich den Sinn, der hinter diesem einfachen Satz steht. Das Leben geht immer weiter. Auch wenn man Steine in den Weg gelegt bekommt. Selbst wenn es Hinkelsteine sind. Der Einzige, der das Leben aufhalten könnte, ist man selbst. Niemand anderes. Auch wenn es oft so scheint. Und sich so anfühlt.

Eine schlimme, schwere Vergangenheit bedeutet nicht, dass man sein Leben lang ausgeliefert ist. Es bedeutet nicht, dass man aufgeben muss. Manchmal kämpft man um jeden Tag, um jede Stunde, die man überlebt. Und oft fühlt man sich mehr tot als lebendig. Das ist das Schicksal einer schmerzvollen Vergangenheit. Aber kein Ende. Das Ende ist nur man selbst, wenn man sich aufgibt und den Täter seine Tat vollenden lässt.

Meine Eltern wären wahrscheinlich glücklich gewesen, wenn ich mich umgebracht hätte. Bei meinem ersten Suizidversuch habe ich das so noch gar nicht sehen können. Aber mit der Zeit wurde mir immer deutlicher, dass ich ihnen damit eine Freude gemacht hätte. Und das Letzte, was ich wollte, ist, meinen Eltern eine Freude zu machen. Das haben sie nicht verdient. Und werden es auch nie verdient haben.

Sexueller Missbrauch ist ein Leben auf Raten. Und das Überleben der Taten ein hässlich verpacktes Geschenk. Aber es ist ein Geschenk. Auch wenn ich oft das Gefühl in mir habe, dass ich nicht weiterkomme, dass ich im Sumpf der Vergangenheit stecken bleibe, so merke ich trotzdem, dass ich weitergehe, weil *es* weitergeht. Und in guten Phasen, da kann ich mich selbst lieben.

Ich bin eine Kämpferin. Das war ich von Anfang an. Und ich habe gelernt, dass man nicht immer die Sonne braucht, um wachsen zu können. Wenn die Sehnsucht stärkt und die Hoffnung wärmt, dann kann man auch im Schatten wachsen. Wie ein Schattengewächs.

10

EIN BRIEF AN MEINE ELTERN

MAMA UND PAPA. NEIN. SO KANN ICH EUCH NICHT NENNEN. IHR HABT EUCH NIE ALS ELTERN VERHALTEN. MUTTER UND VATER. DAS WAREN IMMER FREMDWÖRTER. ABER IRGENDWIE MUSS ICH EUCH ANREDEN. SONST WÜRDET IHR ES IGNORIEREN UND EUCH NICHT ANGESPROCHEN FÜHLEN.

Mama und Papa. Nein. So kann ich euch nicht nennen. Ihr habt euch nie wie Eltern verhalten. Mutter und Vater. Das waren immer Fremdwörter. Aber irgendwie muss ich euch anreden. Sonst würdet ihr es ignorieren und euch nicht angesprochen fühlen. Ihr müsst euch aber angesprochen fühlen, weil ich nun nur euch anspreche. Ja, nur euch. Setzt euch am besten schon einmal auf euer schwarzes, keimfreies Ledersofa in eurem Haus. Legt eure Tabletten neben euch und lest. Dieser Brief wird länger werden. Und ich werde kein Blatt vor den Mund nehmen. Kein einziges. Nie wieder.

Nach außen haben wir die perfekte Familie darstellen müssen. Ihr, die super Eltern. Als ob ihr das jemals wart. Ihr konntet immer gut schauspielern und euch und anderen etwas vormachen. Aber das ist jetzt vorbei. Denn nun breche ich in eure heile Sagrotan-Welt ein. Euren perfekten Schein. Jetzt spreche ich. Und ihr könnt mich nicht aufhalten.

Acht Jahre lang habt ihr mich missbraucht. Meine gesamte Kindheit. Ist unter den Vergewaltigungen gestorben. Fünf Jahre alt war ich, als du mich das erste Mal berührt hast, Peter. Ich ging gerade einmal zur Vorschule. Ich war fünf! Fünf! Aber das war dir egal. Wichtiger waren dir deine Triebe. Du hattest meist schon einen Steifen, bevor du mich überhaupt berührt hast. Das ist abartig. Du bist abartig! Aber dir hat es nicht gereicht, mich nur zu berühren. Du wolltest mehr. Immer mehr. Immer mehr. Und mehr. Du hast deinen Penis in meine kindliche Scheide gedrückt. Es war dir egal, ob ich vor Schmerzen geschrien habe. Es war dir egal, ob ich geweint habe. Alles war dir egal. Nur du dir selbst nicht.

Und du, Susanne, lagst nebenan im Bett. Und hast alles gehört. Hast bei allem zugesehen. Und nicht ein einziges Mal eingegriffen. Dass ich dich zu der Zeit noch als Mutter geliebt habe, hast du keinen einzigen verdammten Tag, keine Stunde, keine Minute verdient. Auch du hast wenige Jahre später begonnen, mich zu berühren. Das Zusehen hatte dir nicht gereicht. Du hast deinen Finger mit den langen Nägeln in meine Scheide gedrückt. Es war dir gleichgültig, dass ich dabei solche Schmerzen empfunden habe. Du bist kein bisschen besser als dein Ehemann. Auch wenn du mir das oft einreden wolltest.

Niemals habe ich in der Zeit irgendein Wort über die Taten verloren. Ich habe euch gedeckt. Weil ich wusste, dass ihr vor nichts zurückschrecken würdet. Fast jeden Tag hat mir einer von euch wehgetan. Und später habt ihr es zusammen gemacht. Plötzlich habt ihr euch wieder besser verstanden. Ihr wart zwei erwachsene Menschen und ich ein Kind.

Susanne, in dieser Zeit hast du es dir sehr leicht gemacht. Du hast dirigiert. Standest daneben. Und hattest nicht einen Funken an schlechtem Gewissen. Du warst so selbstsicher in deiner Position. Und du, Peter, hast alles befolgt. Aber es hat dir Spaß gemacht, deinen Penis überall reinzudrücken. Du hast mich gewürgt, und wahrscheinlich bereust du es, dass du es nicht durchgehalten hast. Auch ich habe es damals bereut, dass du mich so nicht umgebracht hast. Aber nun. Nun bin ich darüber glücklich. Denn nun hat jemand eure scheinheilige Perfektion zerstört. Niemals wird es etwas geben, was euch die Schuld nimmt. Wie ihr damit leben könnt, dass ihr euer eigenes Kind missbraucht habt, das weiß ich nicht. Und ich möchte es auch nicht wissen.

Wenige Monate, nachdem ihr aufgehört habt, kamen bei mir die ersten Symptome auf. Natürlich hat euch das nicht in eure Perfektion gepasst. Funktionieren. Das war die Haupt-

sache. Ihr habt mir gesagt, dass ich fett aussehen würde. Dass ausgerechnet ihr euch das herausgenommen habt, ist eine Frechheit.

Jahrelang habe ich mich so einsam gefühlt. Das Einzige, wofür ich gelebt habe, war mein Suizid. Der Suizid bedeutete mir Selbstbestimmung und Freiheit. Das habe ich bei euch nie erfahren. Du, Susanne, hast mich für deine Migräne und eigentlich für alles, was dir nicht gepasst hat, verantwortlich gemacht. Deine Mutter hat das nur noch mehr unterstützt. Aber das wolltest du niemals sehen. Du hast dein Leben lang immer nur weggeschaut und die Hände vor die Augen gehalten, um dir selbst vorzutäuschen, dass du nichts siehst. Es hat dich nie interessiert, wie es mir geht. Wenn es aber deiner Mutter nicht gut ging, dann hast du alle Hebel in Bewegung gesetzt, um ihr zu helfen. Für mich hast du das nie gemacht. Im Gegenteil.

Als ich damals die Lungenentzündung hatte, hast du es nicht für ernst gehalten. Einmal am Tag kamst du in mein Zimmer, um nach mir zu schauen. Die restlichen Stunden saßt du mit deiner Mutter im Wohnzimmer. Wenn ich Hilfe brauchte, habe ich nur einen bösen Blick von dir bekommen. Alle Umarmungen, die du mir gegeben hast, waren so unecht, dass es mich innerlich richtig schmerzte. Vor anderen Menschen jedoch warst du auf einmal die liebste Mutter. Aber sobald niemand mehr hingesehen hat, warst du wie immer. Wütend. Rechthaberisch. Verletzend. Hintergehend.

Du hast von Werten erzählt, die wichtig seien, dabei hast du nicht einen Wert selbst umgesetzt. Wenn du Migräne hattest, musste ich mich um dich kümmern, mit dir auf Toilette gehen, dir Essen und Trinken geben, dein Bett beziehen …

Meine Hausaufgaben habe ich zu der Zeit immer erst spät-
abends machen können. Bis du geschlafen hast. Musste ich
für dich da sein. Fast jeden zweiten Tag. Du hast dich kein
einziges Mal in meiner Kindheit wie eine Mutter verhalten.
Immer wenn ich dir geholfen habe, habe ich mir so sehr ge-
wünscht, nur einen kleinen Teil von dem, was ich dir gegeben
habe, zurückzubekommen. Gleichgültig, wie klein dieser Teil
gewesen wäre. Aber du, du warst niemals eine Mutter.

So oft habe ich daran gedacht, mich umzubringen. Aber ich
musste immer lächeln. Egal, wie schlecht es mir ging. Nur um
eure scheinheilige Perfektion aufrechtzuerhalten.

Peter, du hast immer mitgelesen, wenn ich in Foren ge-
schrieben habe, wie schlecht es mir geht, das weiß ich nun. Mit
euch konnte man nicht reden. Und du, du hast niemals auch
nur irgendwie versucht, mir zu helfen. Ich hatte Wunden,
die zwei Zentimeter tief waren. Mehrmals musste ich genäht
werden. Ich habe mich runtergehungert, habe erbrochen und
Abführmittel genommen. Ich habe Suizidfantasien gehabt.
Aber das hat dich nie interessiert. Am nächsten Morgen bin
ich ja aufgewacht. Ich ging zur Schule und habe gute Noten
nach Hause gebracht. Das war die Hauptsache für dich. Hätte
ich noch dein Unternehmen übernommen, dann wäre für dich
die Welt perfekt gewesen. Du hast alles von mir gelesen und
tust es auch immer noch.

Du warst mein Vater und hast nie etwas unternommen.
Du hast mir nie geholfen. Egal, wie schlecht es mir ging. Wie
konntest du es aushalten? Du hast von tiefen Wunden, die
tagelang bluteten, gelesen, von Ohnmachtsanfällen durch das
Hungern, von Schienensuizid und Tabletten. Wie konntest du
es lesen, ohne etwas zu tun? Du hast von mir gelesen. Deiner

Tochter. Aber ich war nur deine Tochter, als du noch deinen Penis in mich reindrücken konntest. Da hattest du mich lieb. Aber du warst auch nie ein Vater für mich.

Ihr habt fast alle Menschen, bei denen ich Hilfe gesucht habe, gegen mich ausgespielt. Bei einigen habt ihr es geschafft, aber die meisten haben zu mir gehalten. Mein Vertrauenslehrer hat sich von eurer perfekten Welt nicht einlullen lassen. Auch das Jugendamt nicht. Und mir ist bewusst, wie sehr ihr es bereut, dorthin gegangen zu sein. Ich weiß auch, dass ihr es bereut, dass ihr es mir erlaubt habt, auszuziehen. Auf einmal konnte ich Dinge ohne eure Überwachung tun. Auf einmal habe ich Freiheiten gehabt, die ich nie gekannt habe. Und trotzdem bist du, Peter, fast jeden Abend an meiner Wohnung vorbeigefahren, und du, Susanne, bist mir zur Schule gefolgt. Ich war 16. Und eigenständig. Aber das wolltet ihr nicht. Eure Überwachungsmaßnahmen waren euch heilig.

Als ich meinen Suizidversuch hatte, habt ihr euch nicht einmal besorgt mir gegenüber gezeigt. Ihr habt mich nicht einmal besucht und wolltet, dass ich dort in der Psychiatrie noch viel länger bleiben sollte. Gegenüber allen anderen, den Ärzten und Therapeuten, wart ihr natürlich wieder die perfekten Eltern. Gegenüber Bekannten habt ihr gesagt, ich hätte einen Kreislaufkollaps gehabt. Als ich einige Zeit später aufklärte, was ich wirklich hatte, stieß ich auf erschrockene Blicke und auf den Satz »Ich dachte, ihr wärt eine perfekte Familie«. Eine perfekte Familie. Das waren wir nie.

Dass ich nach drei Tagen entlassen wurde, hat euch wütend gemacht. Das habe ich gesehen. Und dass ich den Suizidversuch überlebt habe, machte es für euch nicht besser. Wenige Wochen später kamen bei mir die ersten Bilder meiner Ver-

gangenheit hoch. Jeden Abend, jede Nacht habe ich stunden-
lang geweint. Die Tage erlebte ich wie in einem Nebel. Das war
eine der schwersten Zeiten für mich.

Ich habe euch einen Brief geschrieben, dass ich mit euch da-
rüber reden möchte. Aber ihr habt jedes Gespräch abgelehnt.
Ihr wart zu feige. Und seid es immer mehr. Mit euren Eltern
habe ich auch gesprochen. Diese wussten nichts davon, dass
ich mich umbringen wollte und mich geschnitten habe. Auch
sie wendeten sich von mir ab.

Mit deiner Mutter, Susanne, hatte ich ein Gespräch, in dem
ich alles, was sich bei mir über die Jahre wegen ihr aufgestaut
hat, loswerden konnte. Deine Mutter war uneinsichtig wie eh
und je. Sie war sich keiner Schuld bewusst. Aber es hätte mich
gewundert, wäre es anders gewesen. Zu ihr habe ich den Kon-
takt abgebrochen. Und es fiel mir nicht schwer.

Zu deinem Vater, Susanne, hatte ich noch Kontakt. Er
wusste, um welche Thematik es geht, und er hat mich zumin-
dest eine Zeit lang nicht verurteilt. Er hat sich sogar noch mit
mir getroffen. Aber gegen Oma kam er nicht an, wie es scheint,
denn auch er brach irgendwann den Kontakt ab.

Auf einmal wendeten sich auch alle Bekannten von mir ab.
Nur ein paar hielten noch den Kontakt aufrecht. Man konnte
sie an einer Hand abzählen. Von einem Bekannten erfuhr ich,
dass ihr in der gesamten Familie Lügen über mich verbreitet
habt. Und er, er wusste aber sofort, dass du mich missbraucht
hast. Er wusste es. Ohne dass ich ein Wort darüber verlor. Er
verstand. Mich.

Etliche Male habe ich es noch versucht, mit euch darü-
ber zu sprechen. Aber ihr. Ihr habt kein einziges Mal darauf
reagiert. Und dann habe ich euch angezeigt. Weil ihr mich

schwer sexuell missbraucht habt. Schwerer. Sexueller. Miss-
brauch.

Dann hast du, Peter, meinen Unterhalt gekürzt. Als Be-
strafung. Aber ich habe weitergekämpft. Und selbst wenn ich
keinen einzigen Cent von euch bekommen hätte, hättet ihr es
nicht geschafft, die Wahrheit zu stoppen. Acht Jahre. Schwer.
Sexuell. Missbraucht. Das ist die Wahrheit.

Danach hatte ich keinen Druck mehr, mich zu schneiden.
Ich habe der Wahrheit meiner Vergangenheit einen Raum ge-
geben. Einen öffentlichen Raum. Und danach hatte ich den
glücklichsten Sommer in meinem bisherigen Leben. Ich fühlte
mich frei. Weil die Wahrheit nun auch frei war.

Ein langer Rechtsstreit begann und oft saß ich weinend vor
den Schreiben eurer Anwältin. Mit der Zeit aber gewöhnt man
sich an alles. Das habt ihr mir acht Jahre lang beigebracht.
Der Staatsanwalt hat ungerecht geurteilt. Das wisst auch ihr.
Und das weiß ich. Was ich nicht weiß, ist, wie ihr das geschafft
habt. Worüber ich nur glücklich war, war, dass die Oberstaats-
anwältin das Urteil gemildert hat. Ihr habt einen Freispruch
zweiter Klasse.

Wie ihr mit eurer Schuld leben könnt, das kann ich mir
nicht erklären. Ich leide seit Langem unter den Folgen eurer
Taten. Aber ich lebe. Und ich weiß, dass das für euch die größ-
te Bestrafung ist.

Dass ich dieses Buch geschrieben habe, dass es veröffent-
licht wird, das war mein Wunsch. Dass ihr mir das nicht
gönnt, das ist mir klar. Genauso wie mir klar ist, dass ihr
nicht gern von der Wahrheit sprecht oder lest. Aber nun wer-
det ihr nicht darum herumkommen. Das Buch ist da. Und
ich bin es auch.

Ihr habt mein gesamtes Leben verpasst. All meine Entwick-
lungen und Fortschritte. Aber das war euch immer egal und
ist mir nun bewusster denn je. Ich weiß, dass ich eines Tages
mit klaren Worten sagen kann, dass ich glücklich bin. Auch
wenn ihr mich acht Jahre lang missbraucht habt. Ich lasse
mich nicht mehr unterkriegen. Und ich trete für mein Recht
ein. Und das wird sich mein Leben lang nicht ändern. Ich
werde kämpfen. So lange und so stark, bis ich glücklich bin.
Und das werde ich schaffen. Das weiß ich.

Wenn ich eines Tages Kinder bekomme, dann kann ich
mit gutem Gewissen sagen, dass meine Kinder niemals miss-
braucht werden. Sie werden eine glückliche Kindheit haben.
Eine Kindheit, die ihr mir nicht gegeben habt, die ich nie er-
fahren habe. Ich werde die Generationenkette brechen. Ich
werde eure scheinbare Perfektion brechen.

Dank meinen Freunden, die mich immer unterstützen,
habe ich meinen Platz gefunden. Und diesen Platz werdet ihr
mir nie nehmen können.

Ich weiß nicht, ob ich euch jemals verzeihen könnte. Ich
weiß es nicht. Ich weiß auch nicht, ob ich es könnte, wenn ihr
zu euren Taten stehen würdet.

Aber ich weiß, dass ich niemals in meinem Leben Eltern
hatte und auch niemals haben werde. Doch ich habe gelernt,
damit gut zu leben, auch wenn die Sehnsucht nach einer Fa-
milie oft aufflammt. Nicht die Sehnsucht nach euch. Sondern
nach Eltern, die wirklich Eltern sind. Nach Eltern, die lieben
können. Und das konntet ihr nie …

11

NACHWORT

EINE MEINER FREUNDINNEN HAT MICH EINMAL GEFRAGT, OB ICH MEINEN ELTERN JEMALS VERZEIHEN KÖNNTE. ICH KONNTE IHR KEINE ANTWORT DARAUF GEBEN. ES IST SCHWIERIG, JEMANDEM ZU VERZEIHEN, DER MIT SEINER TAT DIE EIGENE KINDHEIT ZERSTÖRT HAT ...

Eine meiner Freundinnen hat mich einmal gefragt, ob ich meinen Eltern jemals verzeihen könnte. Ich konnte ihr keine Antwort darauf geben. Es ist schwierig, jemandem zu verzeihen, der mit seinen Taten die eigene Kindheit zerstört hat und der dafür gesorgt hat, dass die Vergangenheit einen ein Leben lang begleiten wird. Man kann mit einem sexuellen Missbrauch nicht abschließen. Niemals. Aber man kann trotzdem leben. Das Wichtigste ist, dass es einen Weg nach dem Missbrauch gibt. Die Täter können eine ganze Zeit des eigenen Lebens zerstören, aber niemals das gesamte Leben, auch wenn es sich oft so anfühlt.

Meine Eltern haben das, was sie wahrscheinlich selbst erlebt haben, mit mir gemacht. So haben sie die Missbrauchs-Problematik eine Generation weitergereicht. Hätte ich damals meiner Vergangenheit keinen Platz gegeben, vielleicht wäre auch ich vom Opfer zum Täter geworden. Jeder Mensch trägt die Kraft in sich, sich gegen Ungerechtigkeit zu wehren. Jeder hat die Möglichkeit, aus einem System auszubrechen. Doch dafür braucht man Mut. Und den Glauben an sich selbst. Nur wenige trauen sich, einen eigenen Weg einzuschlagen. Leider. Ich wünsche jedem, der Ungerechtigkeit und Schmerzen erlebt hat, den Mut, die eigene Vergangenheit zu brechen. Auch wenn es viel Kraft kostet. Und man oft überschwemmt wird. Wichtig ist, den Kopf über Wasser zu halten.

Jeder Missbrauch ist anders. Jeder Weg danach auch. Bei vielen Opfern kommen die ersten Bilder der Vergangenheit erst etliche Jahre, Jahrzehnte später hoch. Nach Jahrzehnten besteht aber keine Möglichkeit mehr, den Täter anzuzeigen. Das ist eine Schande. Die Opfer haben ein Leben lang mit den Folgen des Missbrauchs zu kämpfen. Und die Tat verjährt. Wortlos. Wenn sich das Gesetz ändern würde, indem Missbrauch keine Verjährungsfrist mehr hat, vielleicht wäre dies der erste Weg, um die Taten zu verringern. Doch das würde auch nichts an der Tatsache ändern, dass jeder Missbrauch einer zu viel ist.

Es ist niemals zu spät, der eigenen Vergangenheit einen Raum zu geben. Auch wenn etliche Jahrzehnte vergangen sind. Auch wenn man etliche Muster am Arm hat. Es ist niemals zu spät, sich darüber bewusst zu werden, dass man als Opfer keine Schuld, keine einzige, an den Taten trägt. Der Täter allein ist schuld. Niemand anderes. Und es ist niemals zu spät, glücklich zu werden.

Ich wünsche mir sehr, dass ich mit meinem Buch eine Sensibilisierung hervorgerufen habe und dass Opfer sexuellen Missbrauchs etwas Mut hierdurch geschöpft haben. Und sei es nur ein ganz kleines bisschen. Auch der kleinste gemeinsame Nenner hiervon kann etwas ganz Großes bedeuten.

Ich wünsche mir, dass mein Buch Betroffenheit auslöst. Aber kein Mitleid. Es gibt viele Phasen in meinem Leben, in denen es mir schlecht geht. Aber es gibt auch Phasen, in denen ich glücklich bin. Und das hätte ich anfangs nie für möglich gehalten. Auch wenn man missbraucht wurde, bedeutet es nicht, dass man nicht mehr glücklich sein kann.

Und ich hoffe, dass jeder der eigenen Sehnsucht einen Platz in seinem Leben gibt. Die Sehnsucht ist das, woran viele scheitern, sich aufgeben, und sie ist das, was einige in ihrem Leben Wege finden lässt, die vorher unentdeckt waren. Manchmal sind es dunkle Gassen, durch die man hindurchläuft, manchmal sind es Wege bei hellem Sonnenschein, manchmal sind es Umwege, Schleichwege. Aber jeder Weg geht weiter. Und mündet in einen anderen. Eine Unendlichkeit in der Endlichkeit.

Es fiel mir nicht leicht, dieses Buch zu schreiben. Immer wieder musste ich unterbrechen. Weil die Bilder wieder hochkamen. Aber letztendlich habe ich es geschafft. Es ist ein Teil meiner Verarbeitung. Durch jeden verschriftlichten Gedanken gewinnt man ein Stückchen der eigenen Freiheit zurück. Jedem Wort möchte man die Lebendigkeit verleihen, die man oft selbst schmerzlich vermisst hat. Mit jedem Wort entdeckt man sich neu, sich wieder. Dieses Buch hat mir viel Kraft gegeben, und ich wünsche mir von Herzen, dass es nicht nur mir so geht!

DANKSAGUNG

Besonders möchte ich meinem guten Freund danken, der mich durch jede meiner Phasen, meiner Einbrüche und Umbrüche begleitet, unterstützt und wertschätzt, dem ich immer vertrauen kann, der der Erste war, der meinen Worten und mir geglaubt hat und der mir immer etwas bedeuten wird.

Selina danke ich für die enge und beste Freundschaft, die aufmunternden Worte und die Ehrlichkeit.

Frau H. möchte ich für die große Unterstützung in vielen meiner Tiefen danken, für die offene Art und die lieben Worte.

Herrn D. danke ich für die zwei Jahre intensiver Gespräche und Hilfestellungen und für den Mut und die Stärke, die er mir gab, meinen eigenen Weg zu gehen, auch wenn er nicht perfekt ist.

Bettina möchte ich für die Unterstützung meiner literarischen Ideen danken, für die vielen privaten Gespräche und ihr warmherziges Wesen.

HELENA W. RANKEN wurde 1994 geboren. Heute studiert sie Geisteswissenschaften. Dank ihrer Freunde und ihres Lebenswillens führt sie inzwischen ein Leben ohne Selbstverletzung und Essstörungen.

Helena W. Ranken
SCHATTENGEWÄCHS
Mein Weg der Verarbeitung
des sexuellen Missbrauchs

ISBN 978-3-86265-338-6
© Schwarzkopf & Schwarzkopf Verlag GmbH, Berlin 2014

KATALOG
Wir senden Ihnen gern kostenlos unseren Katalog.
Schwarzkopf & Schwarzkopf Verlag GmbH
Kastanienallee 32, 10435 Berlin
Telefon: 030 – 44 33 63 00
Fax: 030 – 44 33 63 044

INTERNET | E-MAIL
www.schwarzkopf-schwarzkopf.de
info@schwarzkopf-schwarzkopf.de